世界を知るための哲学的思考実験

PHILOSOPHICAL
THOUGHT EXPERIMENTS
for a deep
UNDERSTANDING
of the WORLD

岡本裕一朗

朝日新聞出版

世界を
知るための
哲学的
思考実験

目次

プロローグ　世界を理解するための第一歩……13

第1章　トロッコ問題の誤解をとく

第1節　「トロッコ問題」の始まり……26
「トロッコ問題」は誰が提起したのか……26
二重結果論で解明できるのか……31
第2節　「トロッコ問題」と〈二重義務論〉……34
ポジティブな義務とネガティブな義務……34
「人工妊娠中絶」問題を〈二重義務論〉で考える……39
第3節　「トロッコ問題」の定式化……43
暴走電車のバリエーション……44
通俗的な「トロッコ問題」……48
トムソンの「トローリー問題」が重要な理由……51
第4節　トムソンが「トロッコ問題」を定式化した理由……53

「殺す」と「死なせる」……53
「権利が功利性に優先する」……56
スイッチの傍観者をどう考えるか……59
第5節 トロッコ問題は「問題」ではない!?……62
トムソンの変遷……62
「ループした線路」の事例……65
トロ－リ－問題は疑似問題か……68

第2章 バイオテクノロジー革命はどこへ行くか

第1節 「人類最後のタブー？」に挑戦……76
シルヴァー教授の講演……76
危ない卒論……78
交配種を産むという思考実験……80
「障害」ではなく「個性」と考えよ！……82
第2節 人間の「遺伝子組み換え」……85
シルヴァーが予言した2010年……86

２０５０年にはどうなっているか……88
２３５０年に起こる大きな変化……90
人間の未来を再考する……92
第３節　殺人は脳がやらせた!?……95
脳科学の進展は何をもたらすか……95
ハリーの脳が殺人をやらせたのだ……97
脳科学の進展がもたらすこととは……100
犯罪者には道徳ピルを……102
第３章　ようこそ情報管理社会へ
第１節　バイオ＝ニューロサイエンスの発展……110
ヒトゲノム計画で何が分かったのか……110
遺伝子が分かれば、すべて分かる……112
脳と心との対応はどうなるか……115
コントロール社会が要請される！……117

第2節　コントロール社会からの逃走は可能か……120
パノプティコンからスーパー・パノプティコンへ……121
パノプティコン・モデルの終焉……123
分人とビッグデータ……126
パノプティコンからモノプティコンへ……127
第3節　モノは学習し、反逆する!?……131
味方を攻撃するロボット兵士!……132
機械が「学習」する?……134
社会インフラを支配する機械……136
システム障害、ハッキング、あるいは……　……138

第4章――格差をどうするか

第1節　格差の何が問題なのか……146
「救命ボート」の思考実験……146
救済に反対する理由……148
経済格差への読みかえ……150

経済的格差があってはならないのか……153
第2節 格差における「正しさ」とは……155
格差と成長、どちらが重要か……155
生まれつきの才能は自分のものではない？……158
連鎖する格差……161
第3節 格差原理、羨望テスト、十分主義……165
「格差原理」は有効か……166
「羨望テスト」を導入せよ！……169
格差は道徳的に重要ではない!?……173
第5章 フェイク化する社会
第1節 「ポスト真実の時代」の「真実」……180
「フェイク・ニュース」は最近のことか……180
「フェイク・ニュース」は簡単に克服できない！……183
フェイクが「真実」になる……186

第2節 「フェイク」への意志……189
デジタル情報通信革命の時代……190
ドキュメント性から理解する……192
フェイク・ニュースを取り巻く欲望……195
フェイクを求める人々……197
第3節 そして誰も信じなくなった……199
嘘をつくことはどんな場合も許されないのか……200
嘘をつけば友人を救えるのか……202
嘘が蔓延する社会……205

第6章 民主主義はもう機能しない

第1節 ポピュリズムの誘惑……214
民主主義のパラドックス……214
民主主義は衆愚政治になる!?……216
民主主義からファシズムへ……219
民意はどこにあるのか……221

第2節　「民主主義」が民意を反映しない理由……223
有権者25％の得票率で、議員75％を独占……223
多数決は民主主義の原理か……227
〝二つの〟民主主義……230
第3節　個人型から分人型へ……233
「直接民主主義」と「間接民主主義」……233
テクノロジーの変化と分人化……235
デジタル・テクノロジーにいかに対応するか……237

第7章　来るべき人口減少社会に向けて

第1節　日本の人口減少をグローバルに考える……246
世界人口と日本の人口……246
地球環境問題としての人口問題……249
南北問題としての人口問題……251
日本の人口減少は悪いことか……253

第2節　出産パターナリズムから出産ファシズムへ……256
出産パターナリズムとは……256
結婚した人が子どもを産まないのか……259
単身生活というライフスタイル……262
出産パターナリズムでは解決しない……263
第3節　人間なんて、もういらない!?……267
AIによって人間は余剰になる?……267
AIロボットの進化vs.人口減少危機論……270
AIロボットと生きる……272
人間中心主義の終わり……273
エピローグ　未来世界のための思考実験……277
転換期としての現代世界……279
人間からポストヒューマンへ……281
AIは近代資本主義社会を終わらせるのか……283

世界を
知るための
哲学的
思考実験

図表作成
朝日新聞メディアプロダクション
ブックデザイン
原田恵都子（Harada＋Harada）

プロローグ
世界を
理解するための
第一歩

思考実験は何のために?

「トロッコ問題(Trolley Problem)」という名前を提唱し、その後ながく語りつがれるようになった思考実験を定式化したアメリカの女性哲学者ジュディス・ジャーヴィス・トムソンは、それとは別のストーリーを語っている。

ある朝、あなたが目を覚ますと、意識不明状態のバイオリニストと背中どうしで繋《つな》げられて一緒のベッドの上にいる。彼は有名なバイオリニストで、致命的な腎臓病であることが判明したため、音楽愛好者協会は入手しうるあらゆる医療上の記録を調べ上げ、あなただけがそのバイオリニストとちょうど適合して、助けとなる血液型であることを突き止めた。そこで、彼らはあなたを誘拐し、昨夜あなたの循環器系統にバイオリニストの循環器系統を繋いで、あなたの腎臓があなたと彼の両方の血液から毒素を除去できるようにしたのだ。このとき、病院の主治医があなたに次のように言う。「まぁ、音楽愛好者協会の人々がこんなことをあなたにやってしまったことは遺憾なことです。もし分かっていたら、絶対許さなかったことでしょう。しかし、彼らはやってしまったことだし、バイオリニストはあなたに繋がれています。彼をあなたから取り外せば、彼を殺すことになるでしょう。でも大丈夫、わずか九か月ですよ。それまでに、彼の病気は回復し、あなたと切り離して一人でも大丈夫な状態になりますよ」。この処置に同意することが、あなたに道徳的に課せられるか。(J. J. Thomson, *A Defense of Abortion*, 1971.)

この思考実験を読んで、読者の皆さんはどう考えるだろうか。道徳的には、同意する必要があるのかないのか? とはいえ、いずれの立場をとるにしても、その根拠は何か、あらためて問い直すことができるだろう。こうして、議論は続いていく。

しかしながら、この思考実験を紹介したのは、どんな答えを出すのか考えるためではない。むしろ、トムソンがどうしてこの思考実験を提示したのか、理解するためである。

トムソンがこの思考実験を提出した1971年当時、アメリカでは人工妊娠中絶が法的には認められていなかった。そのため、非合法で中絶が行なわれて、命を落とす女性が少なくなかったのだ。こうした状況で、女性の権利として中絶を擁護するにはいかなる論拠があるのか、模索されていた。この「バイオリニストの思考実験」によって、トムソンが社会に訴えようとしたのが、女性の自己決定権だったのである。つまり、トムソンは中絶を擁護するために、「バイオリニストの思考実験」を語ったのだ。

ここから明らかになるのは、思考実験にはその背景と文脈が分かちがたく結びついていることである。したがって、こうした関連を一切捨象して、思考実験の事例だけをパズルのように楽しむことは、思考実験の狙いからは外れている。思考実験は、自分が直面している状況を理解し、それにどう対処するか考えをめぐらすために行なわれるものだ。

こうした意図のもとで、私たちが直面している現代世界を理解するために、思考実験を行なったのが本書である。タイトルが『世界を知るための哲学的思考実験』となった理由も、ここにある。しかし、どうして「哲学的」なのだろうか。

どうして哲学が必要なのか

「思考実験（Gedankenexperiment）」という言葉を初めて使ったのは、オーストリアの物理学者エルンスト・マッハだと言われている。マッハにかぎらず、ガリレオやニュートン、アインシュタインなどの物理学者たちは、思考実験をしばしば使っている。しかし、物理学は自然科学なので、思考実験など行なわず、じっさいの観察や実験をすればいいように思われる。それなのに、どうして思考実験が必要だったのだろうか。

たとえば、ガリレオの思考実験を考えてみよう。その当時、物体の落下についてはアリストテレス以来の見解が定着していたが、ガリレオはそれを思考実験によって反駁《はんばく》しようとした。具体的にいえば、重い物体と軽い物体を同時に落としたら、どちらが早く地面に到達するか、というものだ。現在では、中学生でも「同時である」と答えるが、その頃までは「重い物体の方が軽い物体よりも早く地面につく」と信じられていた。この伝統的な見解に反論するために、ガリレオは思考実験を行なったのである。

しかし、ガリレオは思考実験など行なわず、じっさいに落下させてみればよかったのではないだろうか。その一つが、ピサの斜塔から二つの物体を落下させるという有名な「実験」である。だが、その当時は「真空状態」で実験することが不可能だったので、ガリレオがその実験で自分の理論を証明できたかどうかは怪しいのだ。むしろ、ガリレオは現実の実験よりも、想像上の「思考実験」によって「物体は重さにかかわらず同時に地面に到達する」と結論したわけである。

こう考えたとき、どうして哲学においても「思考実験」がたびたび行なわれるのか、了解できるのではないだろうか。哲学では問題を考えるとき、アンケートを取ったり、データを集計したりして、結論を出すわけではない。じっさいの観察や実験によって議論を進めることができないからだ。

その理由は、哲学の議論で問題となるのが、基本的な概念や考え方であることにもとづいている。これは、プラトン以来の哲学のスタイルと言ってもいい。プラトンは、たとえば「友情」を問題にするとき、「かくかくの状況で、このような行為をすることが友情である」といった説明方式に異を唱え、「そもそも友情とは何か」という問いを提起した。

こうした基本的な問いは、じっさいの観察や実験では、解決することができない。そのため、しばしば哲学では抽象的な議論になってしまう。

しかし、抽象的な議論だけでは、問題がリアルに感じられないし、その有効性もなかなか見えてこない。そこで、基本的な概念や考えをあらためて問い直し、議論を具体的な形で捉えるために、思考実験が要請される。したがって、哲学では、ギリシャ以来多くの思考実験が行なわれてきたし、現代でもその伝統は継承されている。ある意味では、哲学の抽象的な議論を明確にするには、思考実験は必須とも言えるだろう。

こうした意図のもとで、これからさまざまな思考実験を行なっていきたい。その中には、たとえば「トロッコ問題」のように、すでによく知られたものもあるが、従来の紹介とは違った論点を導入している。また、伝承された思考実験とは別に、筆者が自分自身で作り出したものも少なくない。洗練された形に仕上がっているとは言えないが、抽象的な議論に終始するよりは、ポイントをクリアに捉えるのに役立つはずだ。

どんな世界が問題なのか

最初にも強調したが、思考実験は私たちが直面する状況（これを「世界」と呼ぶことにする）を理解するために行なうものである。では、私たちは今、どのような世界に直面しているのだろうか。

拙著『いま世界の哲学者が考えていること』（ダイヤモンド社）でも強調したが、20世紀の後半以降、世界は大きな転換期に差しかかっている。この変化は、数年や数十年といった短いスパンではなく、数百年単位の時代を画するような転換と言っていい。15、16世紀から始まった「近代」という時代が、根本から変わり始めている。その一つは、バイオテクノロジー革命であり、今や人間の生得的な遺伝子を組み換えて、人間の後継種（ポストヒューマン）への人為的な進化が展望されている。

もう一つは、デジタル情報通信革命であり、これはグーテンベルクの活版印刷術から始まった近代的なメディア環境を、根底から覆すものである。コンピュータ、インターネットによって、世界中の情報が瞬時に流通し、人間やその社会環境を一変させている。人工知能（ＡＩ）が開発されて、やがて人間を支配する可能性さえ囁《ささや》かれ始めた。今まで、社会の頂点に君臨していた人間は、その座を奪われてしまうかもしれない。少なくとも、その一部は、現在でも起こり始めている。

こうした二つのテクノロジー革命によって明らかになったのは、現代の文明史的な位置づけである。１万年ほど前に始まった「農業革命」の後、数百年前に始まった近代の「産業（工業）革命」を経て、現代は新たな革命が始まっている。近代的な産業革命によって成立したのは、経済的には資本主義であり、政治的には議会制民主主義である。資本主義と民主主義は今後どのような方向へ向かうのだろうか。ポスト資本主義は可能なのだろうか。民主主義はテクノロジーの進化によって、変化せざるを得ないのだろうか。

また、この文明史的な転換として、近年明確な姿を取り始めたのが、人口や経済などの「定常化」である。20世紀は人口にしても、経済にしても飛躍的に拡大した時代であり、「人口爆発」や「経済成長」がキーワードとなった。ところが、21世紀になると、こうしたトレンドが様変わりしている。日本では、人口減少が早々と訪れ、22世紀を迎える頃には半減するという予想まである。また、世界人口にしても、22世紀には定常化が予想されている。とすれば、私たちは今後、どのような生き方をすればいいのだろうか。今までとは違った環境の中で、私たちはどう考え、どんな行動をとればいいのだろうか。

こうして、本書において思考実験を使って問い直すべき問題は次のようになるだろう。以下、本論の目次を挙げておきたい。

第1章　トロッコ問題の誤解をとく
第2章　バイオテクノロジー革命はどこへ行くか
第3章　ようこそ情報管理社会へ
第4章　格差をどうするか
第5章　フェイク化する社会

第6章　民主主義はもう機能しない
第7章　来るべき人口減少社会に向けて

この内容について、若干のことを付言しておくことにする。まず、第1章の「トロッコ問題」であるが、当初の段階では、「自動運転車」の問題が背景として考えられていた。しかし、本書では「自動運転車」については論じていない。むしろ、この章の直接の目的としては、「トロッコ問題」そのものの誤解をとくことである。そのため、一般的な紹介では、ほとんど触れられることがなかった歴史を取り上げ、さらにトムソンが最終的にどう考えたのか明らかにしている。「トロッコ問題」をご存知の方は、ぜひとも読んでいただき、検討していただければ幸いである。

第2章以下は、私たちが直面する世界をどう理解するか、という観点から未来への展望を語っている。内容はそれぞれ独立しているので、どの章から読むことも可能である。もちろん、全体としては関連性をもたせているので、章の順にそって読み進めていただければ、現代世界が全体としてどこへ向かっているのか、はっきりするのではないだろうか。

思考実験は世界を理解するための最初の一歩であって、最終的な結論を下そうと意図するものではない。むしろ、読者の皆さんが、一人ひとり自分の問題として考えていただくことが重要だと思う。そこから、読者の皆さんとの対話が始まるのではないだろうか。

第1章
トロッコ問題の誤解をとく

「あなたは路面電車の運転手で、時速六〇マイル（約九六キロメートル）で疾走している。前方を見ると、五人の作業員が工具を手に線路上に立っている。電車を止めようとするのだが、できない。ブレーキがきかないのだ。頭が真っ白になる。五人の作業員をはねれば、全員が死ぬとわかっているからだ。（中略）ふと、右側へとそれる待避線が目に入る。そこにも作業員がいる。だが、一人だけだ。路面電車を待避線に向ければ、一人の作業員は死ぬが、五人は助けられることに気づく。どうすべきだろうか？」

これは、「ハーバード白熱教室」（ＮＨＫ）で日本でも大流行したマイケル・サンデルの『これからの「正義」の話をしよう』の一節だ。これを読むと、多くの人は「あー、あの5人か1人のトロッコ問題ね。よく知ってるよ」と、言うはずである。

たしかに、話としては面白く、設定も単純なので、思わず引き込まれてしまうかもしれない。今まで哲学に興味がなかった人でも、サンデルの「白熱教室」を見て、「トロッコ問題」について語るようになった。「思考実験」と言えば、「トロッコ問題」が定番となっている。

しかし、一般に「トロッコ問題」が語られるとき、根本的なポイントが誤解されている、と言ったらどうだろうか。やや刺激的に言えば、通常問いが立てられるような、「5人か1人か、どちらを救うべきか?」ということが、トロッコ問題ではないからだ。また、マイケル・サンデルの定式と、一般的な「トロッコ問題」の違いに気が付いただろうか。

詳しくは後述するが、マイケル・サンデルでは、電車の運転手と歩道橋の太った男の対比が語られ、通常のトロッコ問題では、スイッチの事例と歩道橋の事例が対比される。この違いは、トロッコ問題を考えるとき、いったいどんな違いとなるのだろうか。あらためて言うまでもないことだが、「トロッコ問題」はマイケル・サンデルのオリジナルではなく、それに先立つ議論が前提されている。しかも、トロッコ問題を定式化したのはトムソンであるが、彼女は30年ほど後に最初の立場を変えている。ところが、この辺りの事情は、日本ではまったく紹介されていない。この変更は重大な意味を持つにもかかわらず、日本で紹介される議論は旧態依然のままである。これは、とても困ったことではないだろうか。

そこで本章では、トロッコ問題がどのように始まったのか、また議論がどう展開されたのかを辿《たど》りながら、問題のポイントが何であるかを明らかにしたい。そして最後に、この問題を定式化したトムソンの立場の変更を見届けながら、トロッコ問題が問題としては消え去る(解消する)ことを示したい。

第1節 「トロッコ問題」の始まり

「トロッコ問題」は誰が提起したのか

「トロッコ問題」はいったい、誰がどのような目的で、最初に提起したのだろうか。それについては、二人の女性哲学者を明記しておく必要がある。その一人は、イギリスのフィリッパ・フットであり、彼女が暴走電車のシナリオを基本的に発案している。このフットのシナリオをより洗練させたのが、アメリカの哲学者ジュディス・ジャーヴィス・トムソンである。トムソンは、このストーリーを「トロッコ問題（Trolley Problem）」と名づけて、さまざまなバリエーションを着想した。

トムソンの議論については、後に見ていくことにして、ここではまず、そのオリジナル・バージョンであるフットの問題提起を取り上げることにしよう。フットは、1967年に「人工妊娠中絶の問題と二重結果論」と題する論文を、「オックスフォード・レビュー」誌に発表したが、これは後に『美徳と悪徳※』に収録されている。その論文の中で、いわゆる「トロッコ問題」の原型が提示されたのである。

注目したいのは、タイトルからも分かるように、論文のテーマが「人工妊娠中絶」であり、その考察のために「二重結果（ダブル・イフェクト）論」が取り扱われることだ。この文脈は、「トロッコ問題」を考えるとき、きわめて重要になってくる。しかし、そもそも「人工妊娠中絶」や「二重結果論」が、どうして問題となるのだろうか。それに取り組む前に、フットが導入した事例をあらかじめ取り出しておくことにしよう。

彼女は一つの想定として、次のような事例を提出している。これが後に、「トロッコ問題」として長く論及されるものの、いわば原型モデルである（これを便宜上【1A】とする）。

彼はブレーキのきかない暴走路面電車（トラム）の運転手であり、その電車を一つの線路から他方の線路へと方向転換させることができる。一方の線路には5人の作業員が働いており、他方には1人の作業員が働いている。線路上のどの人も、必ずひき殺されることになっている。（このとき、運転手はどうすればいいか？）【1A】

この事例に対比されるのが、無実の人を犯人にでっち上げて、群衆の怒りを鎮めるというものである（こちらを【1B】としておこう）。

群衆がある犯罪を行なった犯人を見つけるように裁判官に要求し、そうしなければ地域の特定の地区に血なまぐさい報復を行なうと脅している。本当の犯人はわかっていないが、流血を避けるには、裁判官は無実の人を犯人にでっち上げて、処刑するしかない。【1B】

フットはこの対比をよりはっきりさせるために、【1B】を「群衆が5人の人質をとらえている」と想定する。こうして、「5人の命か1人の命かの取引」がより明確になるだろう。

同様の問題を提起するものとして、もう1組の事例を見ておこう。今度はそれぞれ、【2A】と【2B】で表すことにする（対比を鮮明にするため、原案を少しアレンジしておく）。

供給薄の薬を全部使うことで、1人の患者を救うことができる。そこに、5人の患者が到着し、その薬の5分の1ずつで全員を救うことができる。【2A】

それぞれ異なる臓器が重大な病に侵され、臓器移植が必要な5人の患者がいる。この人たちのために、1人の人物から臓器を取り出して5人に移植すれば、1人は死ぬが、代わりに5人全員の命を救うことができる。【2B】

この他にも、フットはさまざまな事例を考案しているが、ポイントを確認するにはこれで十分であろう。こうした事例によって、フットはいったい何を示そうとしたのだろうか。

私たちの大半の者が無実の人を犯人にでっち上げることができるという考えにぞっとするのに、運転手の方は人数の少ない線路の方へ進路を変えるべきだ、と私たちが躊躇《ちゅうちょ》なく言いそうなのはなぜか。これが問題なのである。

問題の構造は、いずれも「5人の命か1人の命か」の選択のように見える。ところが、【1A】の方は「躊躇なく」5人の命の方を選ぶのに、【1B】の方は5人の命を選ぶことに「ぞっとする」のである。同様に、【2A】の方は5人のために薬を使うべきだと考えるのに、【2B】の方は5人のために1人から臓器を取り出すことは「正当化できないと感じる」のだ。そうした違いは、どうして生じるのだろうか。これがフットによって提起された問いである。

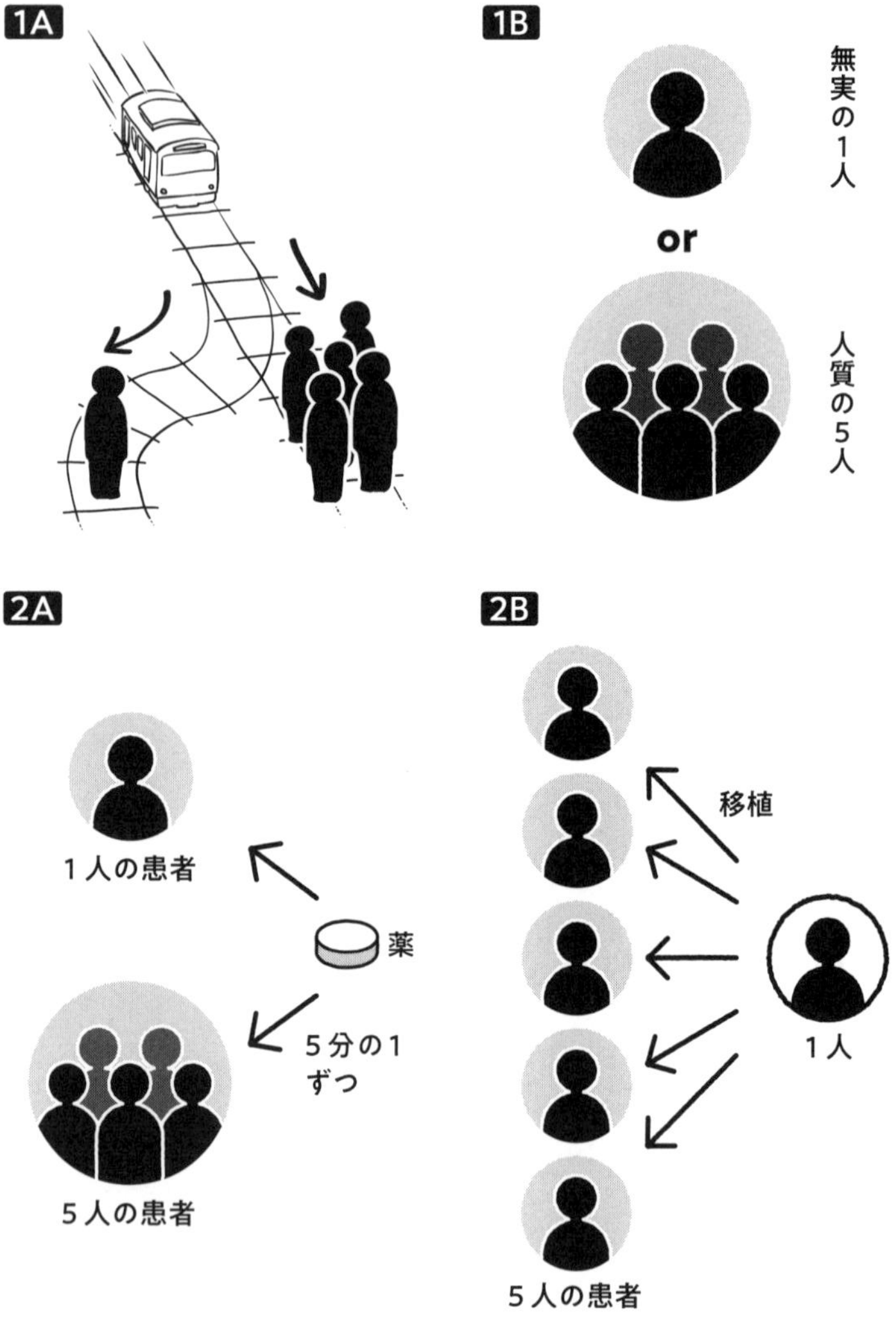
1A
1B
無実の1人
or
人質の5人
2A
1人の患者
薬
5分の1
ずつ
5人の患者
2B
移植
1人
5人の患者

二重結果論で解明できるのか

こうした対比を説明できる理論として、フットはさしあたり「二重結果論」を候補として挙げている。この理論は、中世のトマス・アクィナス以来の伝統的な議論で、「意図された結果」と「(意図されていないが)予見された結果」とを区別し、前者には行為の責任を負わせるのに対し、後者には免除するのである。たとえば、ジョナサン・グラバーは、その区別を次のように説明している。

この理論は、大まかには次のように要約できる。すなわち、結果としてよいことが生じるために、意図的に悪い行為をすることは、いつでも悪いことだが、しかし結果として悪いことが起こることを知りながら、よいことをするのは許容できるだろう。(J. Glover, *Causing Death and Saving Lives*, 1977.)

一見したところ、この理論を使えば、4つの事例について、一応説明できるように思われる。

まず【1A】は、1人の作業員をひき殺したとしても、それは意図したことではなく、むしろ意図したのは5人を救うことである。それに対して、【1B】では無実の人を意図的に死なせなくてはならず、許すことができない。また、【2A】では5人に薬を与えることで1人が死亡するとしても、その死を意図したわけではなく、あくまで予見されたにすぎない。それに対して、【2B】では1人の人物から臓器を取り出すのは、たとえ5人の命を救うためであっても、その人物の死を意図的に求めている。

この説明を聞くと、確かに【1A】と【1B】の対比、【2A】と【2B】の相違が、理解できるように感じるかもしれない。しかし、よく考えてみれば、これはかなり技巧的で、「結論ありき」の議論ではないだろうか。はたして、意図と予見を、それほどきっぱりと分離できるのだろうか。その奇妙さを明らかにするため、フットは次のような事例を提出している。

洞窟を調査していた探検隊が洞窟を脱出しようとして、軽率にも太った男を先頭にしてしまった。そのとき、太った男が出口で詰まってしまい、後ろの隊員が出られなくなってしまった。(中略)そのとき、洞窟の中でとつぜん水があふれ出し、一刻も早くここを脱出しなくてはならない。幸運にも(?)その男をぶっとばして脱出できるだけのダイナマイトを持っていた。さて、彼らはダイナマイトを使うべきか、それとも使うべきではないか。

「二重結果論」者であれば、「われわれは太った男の死を意図するわけではない。彼の死が予見されたとしても、その意図は出口から障害物を取り除くことである」と言うかもしれない。しかし、この言い方は適切とは思えないだろう。意図と予見を、そんなにきっぱりと二分できるわけではないのだ。そこでフットとしては、「二重結果論」に代わる論理を提唱するが、はたして「二重結果論」よりも説得的だろうか。

次節では、フットがいかなる代替案を展開するかを見るとともに、こうした議論の背景をなしている「人工妊娠中絶」の問題を解明することにしよう。これによって、フットが打ち出した「トロッコ問題」の特徴がどのようなものか、明確にしたいと思う。

※ Ph. R. Foot, *Virtues and Vices*, 1978. 特に表記のない引用についてはこの書物からのものである。

第2節 「トロッコ問題」と〈二重義務論〉

前節では、「トロッコ問題」がどのように始まったのかを見てきた。この問題を解明するさい、フットはさしあたり「二重結果論」という伝統的な概念にもとづいて議論を展開した。ところが、彼女はその過程で「二重結果論」の不備を自覚し、別の論拠を模索するにいたる。そこでこの節では、フットがいかなる概念を打ち出したのか確認し、その妥当性について調べてみたい。

ポジティブな義務とネガティブな義務

さて、そもそも「二重結果論」の代案として、フットが提起した概念とは、いったい何だったのだろうか。彼女は、法学者であるジョン・ウィリアム・サーモンドの著書※を援用しながら、次のように語っている。

私たちの道徳体系には、援助という形で人々に義務を負うものと、非介入という形で人々に義務を負うものとの間に、一定の区別が働いている。(Ph. R. Foot, *Virtues and Vices*, 1978. 以下フットからの引用は、この書からのものである)

前者の「援助する義務」が「ポジティブな義務」と呼ばれ、後者の「介入しない(危害を加えない)義務」が「ネガティブな義務」とされる。「ポジティブ—ネガティブ」という言葉は、一般的には「積極的—消極的」と訳されるが、「ネガティブ」の否定的な意味を出すために、この形で表現しておく。私としては「二重結果論」と対比するために、この区別を便宜上〈二重義務論〉と呼ぶことにする。では、〈二重義務論〉の観点から、前節の事例を見直すと、どうなるのだろうか。

まず、最初のペアを見てみよう。【1A】は暴走路面電車の事例である。そのまままっすぐ突っ込めば5人が死亡し、ハンドルを切れば1人が死亡する。これはどう考えたらいいのだろうか。

ハンドルを切る運転手はネガティブな義務間の対立に直面する。なぜなら、彼の義務となるのは、5人に危害を加えないか、1人に危害を加えないか、であるからだ。この状況では、二つを同時に回避することはできない。

こう考えると、暴走路面電車の場合には、同じ種類の義務同士、すなわち「ネガティブな義務」間の対立だから、対処の仕方はそれほど難しくない（とフットは見なしている）。「運転手は、できる限り最小の危害となるようにすべきである、ということは明らかであるように思われる」。したがって、ここで有効なのは、危害をできる限り少なくなるように選択する、という功利主義的原則である。

それに対して、【1B】の場合はどうだろうか。このとき、5人のために1人を犠牲にすることは選択できなかったのだが、フットはその理由を次のように説明している。

裁判官は、危害を加えない義務と援助する義務との重みを比べている。彼は死に脅かされている無実の人々（5人）を救出したいけれど、それをできるのは、彼自らが（1人に）危害を加えることによってのみである。

お分かりのように、ここで対立しているのは、人質の5人を救済するという「ポジティブな義務」と、罪をでっちあげて1人を殺すことを差し控えるという「ネガティブな義務」である。フットによれば、このように義務の種類が異なる場合は、「ポジティブな義務」より「ネガティブな義務」の方が優先される。したがって、命の数としては「ポジティブな義務」の方が多いとしても、【1B】では功利主義的原則が適用できないのである。

次に、もう一つのペアを取り上げてみよう。【2A】の場合、1人の患者のために薬を全部使うことと、5人の患者を救うために薬を5等分にして使うことが対比されていた。これは、「ポジティブな義務」同士の対立だから、功利主義的原則によって5人を救うべきであろう。

ところが、【2B】は、状況が違っている。もし5人の命を救うために、1人を殺してその体から臓器を取り出すとすれば、「5人を援助するために、1人に危害を加える」ことになる。これは当然、「ポジティブな義務」と「ネガティブな義務」の対立だから、「ネガティブな義務」を優先すべきであり、功利主義的原則は当てはまらないのだ。そこで、今までの議論を確認するため、簡単に図式化しておくことにしよう。

【1A】 ネガティブな義務間の対立
↓
5人を選択

【1B】 ポジティブな義務とネガティブな義務の対立
↓
1人を選択

【2A】 ポジティブな義務間の対立
↓
5人を選択

【2B】 ポジティブな義務とネガティブな義務の対立
↓ 1人を選択

お気づきだと思うが、まとめてみればじっさいのところ、結論的には「二重結果論」とまったく同じなのである。とすれば、フットはなぜ「二重結果論」ではなく、わざわざ〈二重義務論〉を提唱したのだろうか。それを説明するため、次のような状況があえて想定されている。

ある病院に、一定のガスの製造によって命が救われる5人の患者がいると想定しよう。しかし、そのガスは、同じ部屋にいるもう1人の患者（部屋から動かせない）の命を必ず奪ってしまう（これを【ガス室】と呼ぶことにする）。

この事例（【ガス室】）では、1人の患者の死は、「直接的に意図されたわけではなく、明らかに副次的な結果である」。こう考えると、【2A】の供給薄の薬の配分と変わらないように見えるだろう。じっさい、「二重結果論」で考えると、「1人の死」は意図されたものではなく、予見された結果であるから、「5人の命」が選択されることになる。ところが、〈二重義務論〉に照らして考えると、結論は違ってくるのではないだろうか。

ここでは、「5人の患者を救う」ことと「1人の患者を殺さない」こと、すなわち「ポジティブな義務」と「ネガティブな義務」が対立している。とすれば、フットの原則では、「1人を殺さないネガティブな義務」が優先されなくてはならない。したがって、「二重結果論」とは違って、〈二重義務論〉では1人の命を選択することになるのだ。

とはいえ、この事例はかなり技巧的であって、即座に納得できるわけではない。そのため、「ポジティブな義務―ネガティブな義務」という対概念が、どうして「二重結果論」より有効なのか、あまり見えてこないのである。では、フットがこうした〈二重義務論〉を打ち出した理由は、どこにあったのだろうか。

おそらく、それは論文のテーマ（「人工妊娠中絶」問題）に関係しているはずである。そこで、この問題を取り上げることによって、あらためて「ポジティブな義務―ネガティブな義務」の妥当性を考え直すことにしよう。

「人工妊娠中絶」問題を〈二重義務論〉で考える

ここで確認しておきたいのは、「人工妊娠中絶」に対するカトリックの理論である。その理論によれば、たとえ母体に危険がある場合でさえも、中絶は意図的な殺人であるから禁止されるのだ。そして、こうした立場を正当化するのが、まさに「二重結果論」だったわけである。したがって、フットとしては、カトリックの「二重結果論」とは異なる概念を提唱することによって、母体に危険がある場合の「人工妊娠中絶」を擁護しようとする。はたして、この試みは成功したのだろうか。〈二重義務論〉と「二重結果論」の対比を示すために、フットは次のような3つの状況を挙げている。

第1の状況は、母親と子どもの両方を救うことはできないが、子どもを殺せば母親を救うことができる場合である（【状況A】）。このとき、いずれにしろ子どもは死亡することになる。フットによれば、この状況は洞窟の探検隊で、太った男が（頭を洞窟の方へ向けて）出口で詰まり、水があふれ出る事例とパラレルである。カトリックの「二重結果論」では、子どもを殺すことを意図するので、中絶は不可能であるが、その結果として子どもも母親も死亡するだろう。それに対して、フットの考えでは、同じ義務同士の対立（1人救うか、誰も救わないか）だから、母親を救うために中絶は認めるべきである。

第2の状況は、母親を救うためには子どもを中絶しなくてはならず、逆に子どもを救うためには母親を殺してその身体《からだ》から取り出さなくてはならない場合である（【状況B】）。カトリックの「二重結果論」では、いずれも「殺す」ことを意図するので、どちらを選択することもできず、結果として子どもも母親も死亡することになる。それに対して、フットの考えでは、同じ種類の義務同士（「殺さない義務」）であるから、結局は人数が問題となる。ところが、ここではいずれも1人であるから、どちらを選んでも変わらない。しかしながら、フットは明確な理由を示すわけではないが、どちらかと言えば中絶によって母親を救うことを示唆している。

第3の状況は、フットが「最悪のジレンマ」と呼ぶものである。この場合、母親を救うためには子どもを中絶しなくてはならないが、他方で何も処置しなければ母親は亡くなるのに対して、子どもは母親が亡くなった後で安全に生まれてくる（【状況C】）。ここで問われているのは、子どもを殺して母親を救うか、それとも母親が死亡するのを待って子どもを取り出すか、という選択である。カトリックの「二重結果論」では、子どもを殺すことは容認できないので、何も処置せず母親の死亡の後に子どもを取り出すことを選択するだろう。では、フットの考えでは、どうなるのだろうか。

明らかなのは、子どもを中絶しない（殺さない）「ネガティブな義務」と、母親を救うという「ポジティブな義務」との対立であろう。そのとき、フットの立場では、「ネガティブな義務」を優先すべきであるから、結局はカトリックと同じ結論、すなわち中絶を禁止することになるはずだ。ところが、フットはこの状況に対して、明確な結論を避けているように見える。その点については深入りせず、ここでは3つの中絶の状況に対して、「二重結果論」と〈二重義務論〉の違いを簡単に表示しておこう。

	二重結果論（中絶禁止）	二重義務論（フット）
状況A	母も子も死亡	母は生存（子は中絶）
状況B	母も子も死亡	母は生存（子は中絶）
状況C	母が死亡（子は生存）	子は生存（母は死亡）？

こうして、フィリッパ・フットの論文にもとづいて、いわゆる「トロッコ問題」に関連する議論を見てきたが、いったい何が分かったのだろうか。その後の「トロッコ問題」の展開を考えるためにも、フットの議論から「トロッコ問題」の特質として何が明らかになったのか、一度は確認しておかなくてはならない。次節において、この作業を行なったうえで、トロッコ問題を洗練化したジュディス・ジャーヴィス・トムソンの思考実験に移ることにしよう。

※　J. W. Salmond, *Jurisprudence*, 11th edition, 1957.

第3節

「トロッコ問題」の定式化

前2節において、「トロッコ問題」をフットがどう始めたのかを見てきた。たしかに、暴走電車の事例を着想したのはフットではあるが、「トロッコ問題（正式にはトローリー問題）」と名づけたのは彼女ではない。この命名はアメリカの女性哲学者ジュディス・ジャーヴィス・トムソンによる。

トムソンは、フットが提起した問題をあらためて問い直し、フットにはなかったさまざまな事例を考案して、「トローリー問題」と名づけたのである。一般にこの問題が語られるとき、しばしば「スイッチを切り替える人物」や「歩道橋の上にいる太った人物」などが登場する。じつを言えば、こうした事例を考案したのが、まさしくトムソンである。トムソンは、フットが始めた「暴走電車」の話を、さまざまなバリエーションと対比することで、そこに潜む問題をえぐり出そうとしたのだ。

この節では、トムソンが「トローリー問題」として、どのような事例を考案したのか、またそれらの間にはどのような違いがあるのか、考えていきたい。ある意味では、「トロッコ問題を考える」というのは、トムソンが考案した思考実験を考えることに他ならない、と言えるだろう。トムソンの議論を抜きにして、「トロッコ問題」を語ることはできないわけである。

暴走電車のバリエーション

トムソンは１９７６年と85年に、「トローリー問題」に関する論文を発表したが、これらは後（１９８６年）に出版された著作[※1]の二つの章として収録されている。その中でトムソンは、さまざまな事例を考案しているが、ここでは「暴走電車」にかかわるものだけ取り出すことにしたい。

具体的には、トムソンは76年の論文で、次の３つの事例を提示している。

エドワードは路面電車の運転手だが、今電車のブレーキがきかなくなって、電車が暴走している。その路線の前方には５人の人がいるが、彼らは線路から逃げることができない。その線路には右に曲がる支線があるので、エドワードは電車を右に曲げることができる。ところが、不幸にも、右の線路には１人の人がいた。エドワードは、電車を右に曲げて、１人を殺すことになる。そうでなければ、彼は電車を右に曲げることを控え、

5人を殺すことになる。【事例1】

フランクは路面電車の乗客だが、電車の運転手が「ブレーキがきかない！」と叫んでショック死してしまった。線路の前方には5人の人がいるが、線路から逃げ出せない。その線路には、右に曲がる支線があり、フランクはその電車を右に曲げることができる。ところが、不幸にも、右の線路には1人の人がいる。フランクは電車を右に曲げると、1人を殺すことになる。そうでなければ、彼は電車を右に曲げることを控え、5人を死なすことになる。【事例2】

ジョージは路面電車を見下ろす歩道橋に立っている。彼は、歩道橋に近づいている路面電車が、コントロールできなくなっているのが分かる。その線路の先には、5人の人がいるが、逃げられそうもない。ジョージは、暴走電車を止める一つの方法が、1人のとても太った人を線路に突き落とすことだと知っている。そのとき、ちょうど太った男が、歩道橋から電車を眺めている。ジョージはその男を、路面電車の線路に突き落とし、その太った男を殺すことができる。そうでなければ、彼は突き落とすことを控え、5人を死なせることになる。【事例3】

これらの事例を見て、おそらく気づいた方もおられるだろう。ここにはいわゆる「スイッチの事例」が欠けているのだ。そのため、トムソンは85年論文で、あらためてこの事例を付加して考察している。この論文では以前のように名前をつけているわけではないが、本稿ではあえて「事例4」として名前（筆者による命名）をつけておきたい。

ヘンリーは路面電車の傍《そば》を散歩していた。そのとき、電車を見てすべてが分かった。電車の運転手がブレーキを踏み込んだけれど、きかないのでショック死していたのである。どうしたらいいだろうか。ちょうどそこにスイッチがあって、ヘンリーがそれを引けば、電車の方向を変えることができる。ところが、ヘンリーがそれをすれば、もう一方の線路にいる1人を殺すことになる。【事例4】

こうして考案された4つの事例を、整理しておくことにしよう。基本的には、5人か1人、いずれの命を選択するか、という問題である。違いが生じるのは、行為をする人の立場の違いである。エドワードは運転手で、ハンドルをどうするかを彼が選択する。フランクは乗客であり、運転手の代わりに、彼がハンドルを握ることになる。ジョージは外部から路面電車を見ているだけであり、たまたま太った男が傍にいたに過ぎない。ヘンリーも散歩中に電車に遭遇し、偶然スイッチの傍にいただけである。

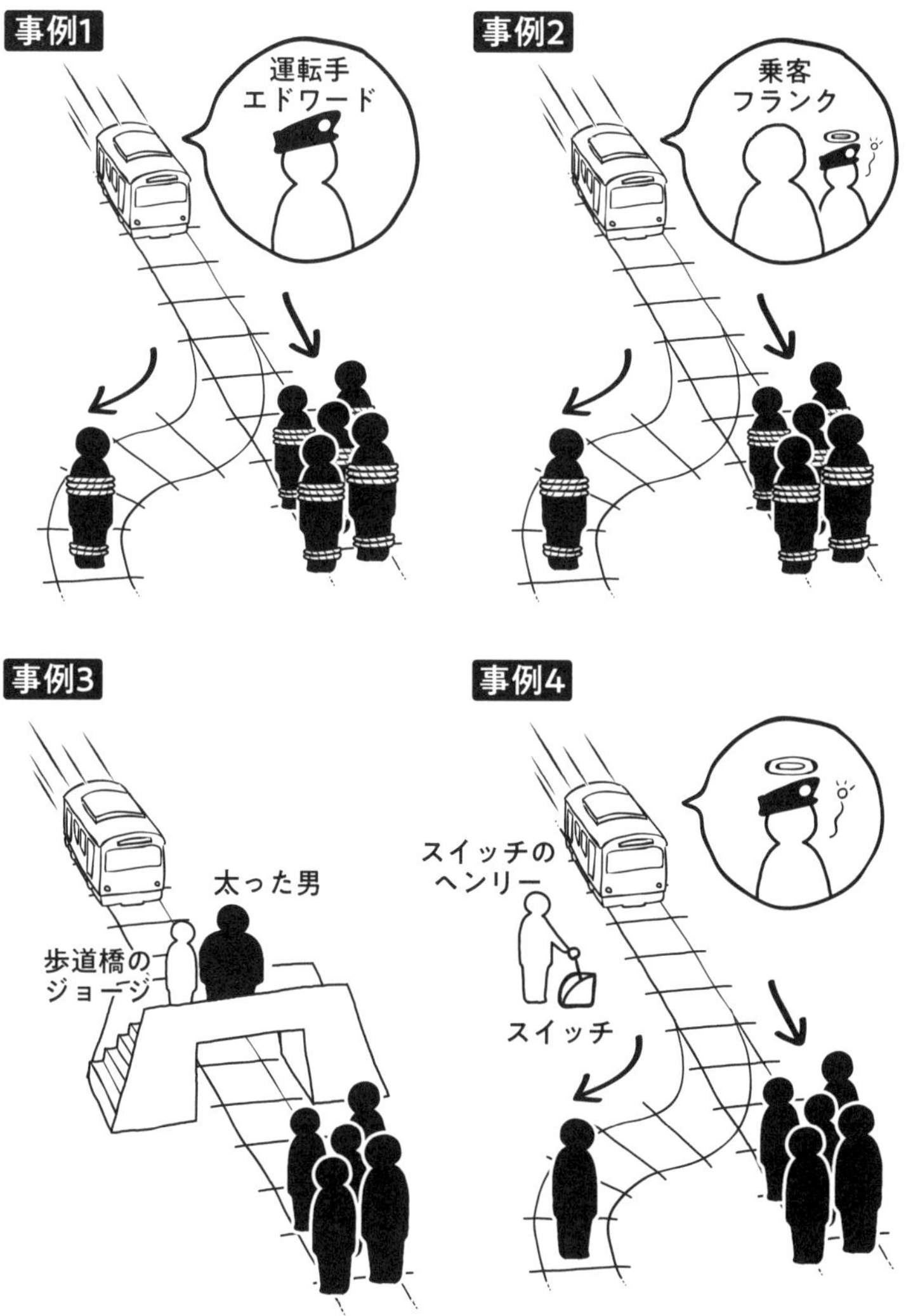
事例1
運転手
エドワード
事例2
乗客
フランク
事例3
太った男
歩道橋の
ジョージ
事例4
スイッチの
ヘンリー
スイッチ

通俗的な「トロッコ問題」

トムソンが考案した事例は、この他にもまだいろいろある。ここでは、基本的な論点に絞ってご紹介したが、それでも一般に取り扱われる「トロッコ問題」との違いに、気づくのではないだろうか。

一般に「トロッコ問題」として紹介されるのは、【事例3】の歩道橋の例と【事例4】のスイッチの例が多い。たとえば、脳科学的観点から「トロッコ問題」にアプローチし、高い評価を得ているジョシュア・グリーンは、この二つの事例の違いに着目して、脳科学的に解明したのである。じっさい、彼の『モラル・トライブズ』（岩波書店、竹田円訳）を見れば、その点がはっきりする。グリーンは、「歩道橋」ジレンマ、「スイッチ」ジレンマを示した後で、次のように続けている。

スイッチを押してトロッコの進路を五人からひとりへ向かう方向に切り替えることは道徳的に許されるだろうか？　トムソンにとって、これは道徳的に受け入れられるように思われた。私も同感だった。後で知ったのだが、世界中の人が同感する。それではなぜ、私たちは「スイッチ」ケースに「イエス」といい、「歩道橋」ケースに「ノー」というのだろう？

これは、私にとって完璧な科学の問題だった。

こうした図式は、意外なことに、オーストラリア出身の哲学者ピーター・シンガーも採用している。彼は2005年に発表した「倫理学と直観」という論文※2の中で、進化心理学や脳科学の観点から「トロッコ問題」を論じているが、そのとき「トロッコ問題」の「標準形」として「スイッチ」バージョンを提示し、「歩道橋」バージョンとペアにしたのである。その後、次のように続けている。

いずれのケースでも、あなたは5人を救うために1人の死を引き起こす。ところが、われわれはあなたの行為を標準的なトロッコのケースでは正しいと判断し、歩道橋のケースでは間違いだと判断するのである。

シンガーはこの論文で、グリーンによる「トロッコ問題」への脳科学的アプローチを取り上げているから、ある意味では当然の結果なのかもしれない。しかし、トムソンが分類した4つのケースを、二つに縮減することは疑問が残る。これについては、後で触れることにする。

では、この問題を取り上げて話題となったマイケル・サンデルの『これからの「正義」の話をしよう』（早川書房、鬼澤忍訳）はどうだろうか。面白いことに、彼の場合も二つのケースに縮減しているが、「スイッチ」ケースが違っているのだ。サンデルがペアにしているのは、「運転手」ケース【事例1】と「歩道橋」ケース【事例3】である。サンデルが「スイッチ」ケースを外したのは、「歩道橋」ケースと近いと感じたためであろう。じっさい、「歩道橋」ケースのバリエーションとして、次のような場合に言及している。

傍観者であるあなたは、隣に立っている太った男を押さなくても線路上に落とせるものとしよう。たとえば、その男は落し戸の上に立っていて、あなたがハンドルを回せば落し戸が開くと想像してほしい。突き落とさなくても同じ結果になるわけだ。こうすれば、あなたの行ないは正しいものになるのだろうか。

このように見ると、「トロッコ問題」として語られているものが、必ずしも明確に規定されていないことに気づくはずだ。通常は二つの場合を対比して、その違いを強調するのだが、そうした単純化はトムソンの意図を台無しにするように思われる。

トムソンの「トローリー問題」が重要な理由

一般に「トロッコ問題」として紹介されるものでは、「スイッチ」ケースと「歩道橋」ケースを対比することが多いようだ。いつからこのような状況になったのかは不明であるが、この組み合わせが重大な見落としにつながることは間違いない。

たとえば、日ごろの講義の中で「スイッチ」ケースを議論してみると、たいてい「5人のために1人を犠牲にする」という答えが返ってくる。じっさい、アメリカでのアンケート報告として、8割以上の人がスイッチを引いて進路を変える方を選択する、と言われる。ところが、日本においてこの事例を取り上げると、必ずしもその結果にはならない。むしろ学生から発せられる声として、「スイッチ」ケースは傍観者の立場なので、状況にはかかわりたくない、という答えが少なくないのだ。散歩していて、偶然スイッチの近くにいただけなのだから、あえて状況に踏み込む必要はない（すなわち、何もしない）というのだ。下手に介入して、責任やら感情的葛藤を生み出すよりも、何もしないのがいい、というわけである。

このように考えると、「スイッチ」ケースと「歩道橋」ケースの差は、それほど大きくないのかもしれない。いずれの場合にも、状況に必ず介入しなくてはならない、というわけではなく、あくまでも傍観者にとどまっていることもできる。この親近性は、サンデルも示唆していたように思われる。重要なことは、「スイッチ」ケースも「歩道橋」ケースも、ともに「傍観者（Bystander）」であることだ。「運転手」ケースのときは、まっすぐ進むかハンドルを切るか、「当事者」としていずれかを選択しなくてはならない。ところが、「傍観者」であれば、そもそも選択しないという選択も可能なのである。

もちろん、「傍観者」といっても、一律に判断できないかもしれない。同じ傍観者でも、「スイッチ」ケースと「歩道橋」ケースでは、違った行為をする必要があるのかもしれない。そしてまさに、トムソンがさまざまなケースを分類した理由も、この点にあると言ってよい。では、トムソンはそうした分類に対して、どのような観点からアプローチするのであろうか。この点について、次節で考えることにしよう。

※1 J. J. Thomson, *Rights, Restitution, & Risk*, 1986. トムソンからの引用はこの書による。
※2 P. Singer, "Ethics and Intuitions", *The Journal of Ethics* 9, no.3/4, 2005.

第4節 トムソンが「トロッコ問題」を定式化した理由

前節で、フットが提起した暴走電車の事例を、トムソンがさまざまなバリエーションによって定式化し、「トロッコ問題（正式にはトローリー問題）」と名づけたのを整理した。そこでこの節では、トムソンがどうして、そのようなバリエーションを考案するようになったのか、その理由を確認することにしたい。

「殺す」と「死なせる」

前節で「トローリー問題」として、4つのバリエーションが提示されているのを見たが、トムソンはそれらを、「殺すこと（killing）」と「死なせること（letting die）」という概念によって説明している。

まず、「運転手エドワード」の場合には、前方には5人、右の支線には1人がいるので、右の支線に曲がれば「1人を殺す」ことになり、そのまままっすぐ進めば「5人を殺す」

ことになる。エドワードは職務上、いずれかを選択せねばならないが、いずれも「殺すこと」である。

次に、「乗客フランク」の場合には、ハンドルを右に切れば、「1人を殺す」ことになるが、彼は乗客であるので、何もしないことも選択できる。そのときは、「5人を死なせる」ことになるが、「5人を殺す」わけではない。

また、「歩道橋のジョージ」の場合には、横にいる太った男を突き落とせば、当然「1人を殺す」ことになるが、何もしないで見過ごせば、「5人を死なせる」ことになる。

最後に、「スイッチのヘンリー」の場合には、散歩中に偶然その場に居合わせたのであるから、必ずしもスイッチを引いて進路を変える必要はない。もし彼があえてスイッチを引くとすれば、「1人を殺す」ことになり、何もしなければ、電車は直進し「5人を死なせる」ことになるだろう。

そこで、全体を図式化すれば、次のようになる。この中でカッコ内のマルは、トムソンが選択するものを指している。

運転手エドワード	5人を殺す	1人を殺す（○）
乗客フランク	5人を死なせる	1人を殺す（○）
歩道橋のジョージ	5人を死なせる（○）	1人を殺す

スイッチのヘンリー　5人を死なせる　1人を殺す（○）

ここでトムソンが「殺すこと」と「死なせること」という対比で語ったものは、トロッコ問題の創始者フットでは、「ネガティブな義務」と「ポジティブな義務」の区別として説明されていた。ただし、フットが提示したものは、運転手の場合だけであって、乗客や歩道橋、さらにはスイッチの場合を想定していない。そのため、「運転手エドワード」の場合には、フットの原則が有効だとしても、その他の場合も同じかどうか分からないのである。

たとえば、「乗客フランク」の場合を考えてみよう。トムソンは次のように述べている。[※1]「フットの原則によれば、フランクが直面している対立は、1人を殺さないというネガティブな義務と、5人を救うというポジティブな義務の対立である」。そして、フットの原則では、二つの義務の内で優先されるべきは、ネガティブな義務であるから、乗客のフランクは進路を変えて1人を殺すことはできず、そのまま直進して5人を死なせることを選択しなくてはならない。こうしたフットの原則に対して、トムソンは次のように反論するわけである。

私の考えでは、（運転手）エドワードがトローリーの進路を変えてもよいと思う人は

誰でも、同じように（乗客）フランクもまた、トローリーの進路を変えてよいと思うだろう。

つまり、フットの原則では、エドワードは進路を変えてもよいが、フランクは進路を変えてはならないのに対して、トムソンの考えでは、エドワードもフランクも、進路を変えてよく、いずれも「1人を殺す」ことを選ぶことが許容できる。

しかし、トムソンのように考えるとすれば、「殺す」ことと「死なせる」ことの関係をどう理解するか、あらためて問題になるだろう。通常は、「殺すことは死なせることよりも悪い」と見なされるだろう。ところが、そうした理解は、必ずしも一般化できないわけである。とすれば、いったいどう考えたらいいのだろうか。

「権利が功利性に優先する」

乗客フランクが、トローリーの進路を変えて1人を殺してもよい（may）とすれば、トムソンが重視するのは「功利性（utility）」なのだろうか。そのときにはおそらく、歩道橋のジョージも太った1人の男を突き落としてもよいことになるだろう。ところが、トムソンによれば、ジョージは太った男を突き落としてはならず（must not）、むしろ「5人を死なせなければならない（must)」のである。とすれば、5人の命と1人の命を単純に比較して、功利の総量として5人の命が1人の命より重要である、というわけではない。功利性としては5人の命が大きいとしても、1人の命を犠牲にできないのだ。

フットの原則にもどって考えると、「ネガティブな義務」が「ポジティブな義務」に優先するのであるから、「歩道橋のジョージ」の場合に、太った1人の男を突き落とすべきでないことは、難なく言える。これは、異なる臓器の移植が必要な5人の患者のために、健康な1人を殺して臓器を取り出す「外科医」の事例と類比的である。5人を救うという「ポジティブな義務」より、1人を殺さないという「ネガティブな義務」の方が優先されるのだ。

そこで、このフットの原則を、トムソンの概念で表現すれば、次のようになるだろう。（Ⅰ）1人を殺すことは5人を死なせることより悪い。（Ⅱ）5人を殺すことは1人を殺すことより悪い。これに従って、トムソンが提示した事例に関して、フットの（想定される）選択を図式化すれば、次のようになるだろうか。カッコ内のマルは、予想されるフットの選択を示している。

運転手エドワード	5人を殺す	1人を殺す（○）
乗客フランク	5人を死なせる（○）	1人を殺す

歩道橋のジョージ　5人を死なせる（○）　1人を殺す
スイッチのヘンリー　5人を死なせる（○）　1人を殺す

トムソンの選択とフットの予想される選択を比べれば、二人の選択の違いは乗客フランクとスイッチのヘンリーの場合であることが分かるだろう。トムソンはフットの原則を必ずしも容認するわけではない。しかし、そうだとすれば、トムソンがどのような原則に基づいて、4つの事例にアプローチするのか、明らかにしなくてはならない。

すでに確認したように、トムソンが功利性を原則にしているのでないことは明らかであろう。というのも、歩道橋のジョージの場合、フットと同じように「太った1人を殺す」よりも、「5人を死なせる」ことを選ぶからだ。しかしながら、フットの原則を批判するトムソンは、どうしてこの場合に関して、フットと同じ結論に至るのだろうか。

ここでトムソンが提示するのは、「権利が功利性に優先する」という考えである。歩道橋のジョージについて言えば、彼が太った1人を突き落とせば、「その人の権利（生きる権利）」を侵害することになる。たとえ、功利性の観点からは、1人を殺して5人を救う方が望ましいように見えても、1人の「(生きる）権利」を奪うことはできないわけである。それでは、乗客フランクがトローリーの進路を変えることは、1人の「(生きる）権利」を奪うことにならないのだろうか。乗客フランクと歩道橋のジョージの場合の違いは、いったいどこにあるのだろうか。

トムソンによれば、乗客フランクの場合、トローリーの進路を変えることは、「それ自体で」1人の「(生きる)権利」を侵害するわけではない。というのも、彼が直接目指しているのは、進路を変えることだからである。幸いなことに、誰もそこにいなければ、一番いいわけである。ところが、偶然にもそこに1人が居合わせたのであって、最初からその1人を殺すこと(生存権の侵害)を求めているわけではない。

それに対して、ジョージが太った男を突き落とすのは、最初の意図からしてトローリーと衝突させるためである。万一その男が運悪く(?)衝突しなかったら、突き落とした意味がなくなってしまうのだ。

こうして、トムソンとしては、フットの原則を批判しつつ、しかも直観的にも明らかな説明方式を提示したように思われる。

スイッチの傍観者をどう考えるか

それでは、スイッチの場合も、同じように考えることができるのだろうか。前節でも少し触れたが、一般に「トロッコ問題」としてペアが作られるとき、「歩道橋の太った男」の事例と「散歩中のスイッチ」の事例が多い。しかも、スイッチの場合には誰しも躊躇なく「1人を殺す」のに、歩道橋の場合には太った男を突き落とすべきではない、とされる。しかしながら、フットに対するトムソンの批判を見れば、こうした紹介は、あまりにも単純化していないだろうか。

あらかじめ確認しておけば、このスイッチの事例をトムソンが提示したのは、「トロッコ問題」について議論した2番目の論文（1985年）である。そして、この論文で彼女は、まさにスイッチの事例をどう「解決」するか、けっこう苦労しているように見える。トムソンは決して、スイッチの事例の場合に「1人を殺す」ことが当然だと考えているわけではない。

というのも、「トロッコ問題」を最初に提示したフットの原則（「ネガティブな義務をポジティブな義務より優先すべし」）に従えば、「1人を殺すことは5人を死なせることより悪い」のであるから、スイッチを引いて電車の進路を変えるべきではない、となるからだ。つまり、フットの原則によれば、歩道橋のジョージもスイッチのヘンリーも共に傍観者であって、わざわざ介入して「1人を殺す」ことは控えなくてはならないのである。

それに対して、トムソンの直感（feeling）によれば、歩道橋の場合は「1人を殺す」ことができないとしても、スイッチの場合には進路を変えて「1人を殺す」ことが容認される（may）。とすれば、当然その理由が明らかにされなくてはならない。その点から見れば、スイッチの場合をどう説明するかで、トムソンの議論の成否が判定できるとも言えるだろう。そこで改めて、トムソンが直面している問題を明示すれば次のようになる。

スイッチの場合には、ヘンリーが電車の進路を変えて、1人を殺してもよい（may）のに対して、歩道橋の場合には、ジョージが太った男を突き落としてはならず（must not）、むしろ5人を死なせなければならない（must）のはどうしてか？

この問題は、一見した印象とは違ってそれほど簡単ではない。そのため、トムソン自身も、2008年に発表したトローリー問題の第3論文では、第2論文の立場を変えているようにさえ見える。[※2] そうだとすれば、トロッコ問題の取り扱いも根本的に再考せざるをえなくなるが、これについては次節において、改めて取り扱うことにしよう。

※1 J. J. Thomson, *Rights, Restitution, & Risk*, 1986. トムソンからの引用はこの書による。
※2 J. J. Thomson, "Turning the Trolley," *Philosophy & Public Affairs* 36, no.4, 2008.

第5節 トロッコ問題は「問題」ではない!?

一般に、「トロッコ問題」と呼ばれているのは、トムソンが提起した二つの事例（スイッチの事例と歩道橋の事例）を指している。二つの事例では、「5人を救うか1人を救うか」という同じ枠組みなのに、異なる判断が下されるのはなぜか、という形で問いが提出される。しかも、この「問題」に対して、トムソン以来いまだに十分な解決が与えられていない、と見なされている。けれども、こうした思い込みは、むしろ誤解にもとづくのではないだろうか。この節は、日本ではあまり知られていないトムソンの2008年の論文に光を当てることによって、「トローリー問題」へのトムソン流解決法を確認しておきたい。

トムソンの変遷

少々回り道になるが、あらかじめトムソンが「トローリー問題」を論じた時系列について整理しておきたい。というのも、その問題について彼女は基本的に3度論じているが、その内容や立場が微妙に異なるからだ。これについて一般には、ほとんど注目されないだけでなく、誤った情報が語られることさえある。したがって、トムソンによる「トロッリー問題」の3つのバージョンを確認しておかなくてはならない。

まず、フットの提起を受けてトムソンが「トローリー問題」と命名し、さまざまな事例を定式化したのが、1976年の論文「殺すこと、死なせること、そしてトローリー問題」である。この論文では、運転手、乗客、歩道橋の事例は登場するが、スイッチの事例は言及されていない。それに対して、1985年の論文「トローリー問題」では、スイッチの事例が登場し、これと「歩道橋の太った男」の事例が対比的に論じられる。この二つの論文は、1986年に公刊された論集に収録されている。[※1]

こうして、一般に「トロッコ問題」としてしばしば言及されるようになったのが、85年論文で検討されたスイッチの事例と歩道橋の事例の対比である。ただし、トムソンの場合には、二つの事例は運転手や乗客といった他の事例との関連で議論され、フットの解決法と対決する形で解明されている。二つの事例にかぎって、フットとの違いを明確にすれば次のようになる（ただし、フット自身がその立場を明示するわけではなく、フットの立場からどのような答えになるかを筆者が想定したものである）。

フットの場合　スイッチの事例　5人を死なせる（〇）　1人を殺す（×）
歩道橋の事例　5人を死なせる（〇）　1人を殺す（×）

トムソンの場合　スイッチの事例　5人を死なせる（×）　1人を殺す（〇）
歩道橋の事例　5人を死なせる（〇）　1人を殺す（×）

こうしたトムソンの定式化を前提にして、その後「トロッコ問題」への爆発的な言及が引き起こされる。しかも、その多くは、トムソンの定式を継承して、「スイッチの事例ではは1人を殺してもよいのに、どうして歩道橋の事例では太った1人の男を突き落としてはならないのか？」と問われるのである。こう問題を立てた後、「トロッコ問題」はいまだ解決されていない、と断定される。

ところが、トムソン自身は、2008年に発表した論文「トローリーの進路を変えること」において、1985年の第2論文の立場をすっかり変えているのだ。それによると、トムソンはフットの選択に一致するようになり、スイッチの事例も歩道橋の事例も、1人を殺すことはできず、5人を死なせなくてはならない。こうすれば、事例によって選択基準が変わることもなく、「トローリー問題」は「本当の問題（real problem）」ではなく、むしろ「非問題（non-problem）」となるだろう。

「ループした線路」の事例

それでは、トムソンが1985年論文の立場を変更するようになった理由は、いったい何だろうか。それを理解するために、彼女自身が提起した一つの事例を確認しておこう。その事例は、「スイッチの傍観者」の事例を変形したもので、「ループした線路」の事例と呼ばれている。

直進する前方の線路には、5人の痩せた人がいる。トローリーが直進すれば、彼らは全員死ぬが、トローリーは止まって、右側にいる1人にまで達することはない。他方、右に進路を変えると、トローリーは1人の太った男を轢《ひ》くが、止まってしまって5人にまで達することはない。

一見したところ、かなり不自然な設定のように思われるが、トムソンのねらいはどこにあるのだろうか。おそらく、スイッチの事例と歩道橋の事例の中間的なものを示すことで、二つの選択の違いを正当化しようとしたのであろう。ところが、トムソンの考えとは裏腹に、この「ループした線路」の事例は、トムソンの議論の問題性を浮かび上がらせることになったのである。

もともと、二つの事例がともに、「5人を死なせるか、1人を殺すか」という選択であるにもかかわらず、スイッチの事例では「1人を殺す」が選択され、歩道橋の事例では「5人を死なせる」が選択されるのだ。トムソンはその違いを説明するために、最初から意図的に「1人を殺す」かどうかで分けていた。スイッチの事例では、右に進路を変えたとしても、1人を殺そうとしたわけではなく、むしろその人がそこから逃げてくれれば、もっと望ましいのである。それに対して、歩道橋の事例では、太った男を突き落とすのは、最初からトローリーとぶつけるためであって、万一ぶつからなければ意味がなくなる。

では、ループした線路の事例はどうだろうか。トムソン自身は、「オリジナルのスイッ

ループした線路

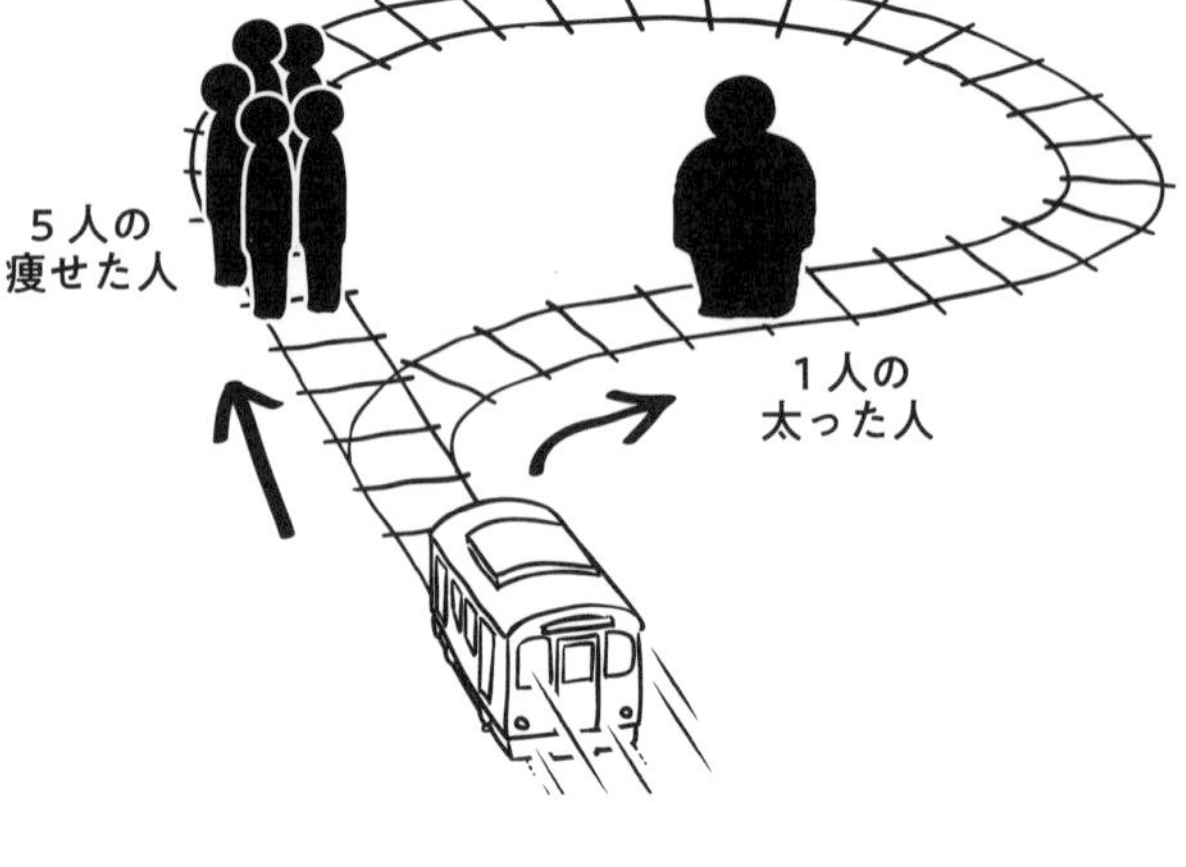

チの傍観者」の事例と大差ないと見なしている。というのも、彼女は次のように明言しているからである。

線路に関して余計な設定が加わろうと加わるまいと、これらの事例でひとが何をしてもよいかについて、大きな道徳的違いが生じるとはまったく想定することができないのであり、進路を変えてもよいと考えることは、(不快な気分になるとはいえ)まったく正しいように思われる。

こうした主張に対して、トムソンはそれ以上の説明を与えていないのであるが、はたして正当化されているのだろうか。ちなみに、ループした線路の事例に、先ほどの「殺す」意図があるかどうかという議論を適用してみよう。たとえば、スイッチを引いて進路を変える場合、1人の太った男をトローリーにぶつけることが目指されている。つまり、最初から意図的にその男を殺すことが意図されているのだ。万一その男が逃げて、トローリーとぶつからなければ、進路を変えた意味がなくなるからである。

そうだとすれば、トムソンの意に反して、「ループした線路」の事例は「歩道橋の事例」に近づいてくるのではないだろうか。そのときには、間違いなく、「通常のスイッチの事例」とは違って、進路を変えるべきではない、という結論になるだろう。この結論を認めるかどうかは別にして、「ループした線路」の事例は、トムソンにとって躓《つまず》きの石であることは間違いないだろう。

トロ─リー問題は疑似問題か

トムソンが二つの論文で論じた「トローリー問題」は、その後研究分野を越えて、世界中で大きな話題となっている。今では「トロッコ学（trolleyology）」という言葉まで、使われるようになった。しかし、こうした流行に反して、当のトムソン自身がこの問題に対する考えを変えていることは、あまり知られていない。彼女は2008年にあらためて「トローリー問題」を議論して、その問題の解消に言及しているのだ。※2

問題となるのは、スイッチの事例である。トムソンの想定では、フットの原則に従えば、「進路を変えて1人を殺す方が、そのまま直進して5人を死なせることよりも悪い」。それに反して、以前（1985年）のトムソンの考えでは、「そのまま直進して5人を死なせることは、進路を変えて1人を殺すよりも悪い」ことになる。したがって、スイッチを引いて進路を変えた方がいい、と結論付けられたわけである。この見解は、その後「トロッコ問題」を論じるほとんどの人によって、前提済みの（不可疑の）見解のように扱われてきた。

ところが、2008年の論文で彼女は、この見解を覆すのである。すなわち、フットと同じように、「1人を殺すよりも、5人を死なせる」ことが選択されるのだ。いかにしてトムソンは、この結論に至ったのだろうか。彼女は、スイッチの事例において、新たな状況を設定している。通常のスイッチの事例では、選択肢は直進するか、右に曲がるか、という二択であったが、もう一つの選択肢が付加されるのだ。

傍観者の選択肢

(1) 何もしない、5人を死なせる
(2) スイッチを右に引いて、1人を殺す
(3) スイッチを左に引いて、自分自身を殺す

ここで付加された(3)は、スイッチを引く傍観者自身が左の支線にいるので、左に引けば自分自身に向かってトローリーを進めることになり、結局は自分自身を殺すことになる。

トムソンによれば、この状況において、(3)を選択しないことは許容される。というのも、道徳はそうした自己犠牲を決して要求しないからである。そして、もし私が(3)を選択しないとすれば、私は(2)を選択できないのである。なぜなら、私が自分自身では払いたくないコストを、他の1人に払わせることができないからである。もし以上が正しいとすれば、（1）は許容可能である。
ここから、トムソンは通常のスイッチの事例における二つの選択肢に話を進めていく。それは次のような状況である。

傍観者の選択肢　（1）何もしない、5人を死なせる
（2）スイッチを右に引いて、1人を殺す

この事例では、今までトムソンをはじめとして、多くの論者が（2）を許容可能であると見なしてきた。しかしながら、3つの選択肢の状況を考えてみると、（2）を選択することができないのである。二つの選択肢の場合でも、現実とは違って、もし（3）の選択肢があったと想定すれば、（2）は選択できないだろう。こ

傍観者の選択肢

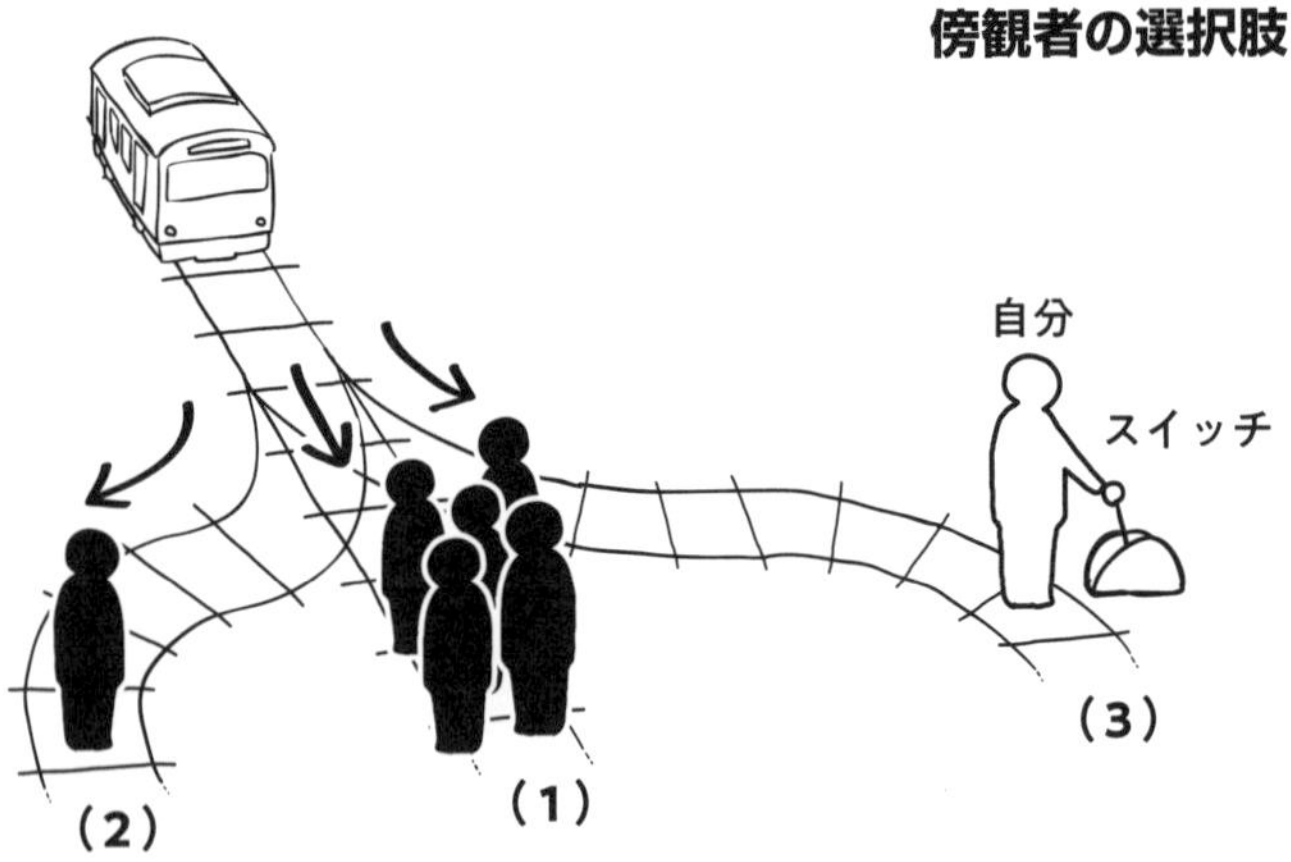

うして、トムソンは次のように述べるのだ。

そこで、次のように考えてはどうだろうか。傍観者が（2）の選択肢を選択することに、1人の作業員は同意しないし、じっさい同意するように道徳的に要求されてもいない、ということを傍観者は知っている、と。傍観者が持っている許容可能な代案は、（1）の選択肢であり、――すなわち5人を死なせることである。

このように考えるとすれば、今まで一般に「トロッコ問題」とされてきたものは、「問題」ではなくなってしまう。スイッチの場合も、歩道橋の場合も、いずれも「1人を殺してはならない」ことになり、「問題」とされた対立ないし矛盾が消えてしまうからである。

※1 J. J. Thomson, *Rights, Restitution, & Risk*, 1986.
※2 J. J. Thomson, "Turning the Trolley," *Philosophy & Public Affairs* 36, no.4, 2008.

まとめ

1. トロッコ問題というのは、「5人か1人か、いずれの命を優先するか」という問題ではない。

2. トロッコ問題では、形式的には同じ構造(「5人か1人か、いずれの命を優先するか」)を持った二つ以上の事例が対比され、その答えが違うのをどう説明するかが問われる。

3. 最初にトロッコ問題を提起したフットは、この問題を「人工妊娠中絶」をいかに正当化するか、という文脈で語っている。

4. フットは、「ネガティブな義務」と「ポジティブな義務」という概念にもとづいて、トロッコ問題にアプローチした。

5. フットの問題提起を受けて、トムソンは「トローリー電車」にかかわるいろいろな事例を考案し、どの命を優先すべきかを議論し、それが「トロッコ問題」として有名になった。

6. トムソンはトロッコ問題に関する論文を何度か作成したが、85年の論文でスイッチのケースと歩道橋のケースを対比した。

7. その論文では、フットとトムソンの立場は違っている。フットではスイッチも歩道橋も「1人を殺すべきではない」となるが、トムソンではスイッチは1人を殺してもよく、歩道橋は1人を殺してはいけない。

8. トムソンは2008年論文で、以前の立場を変え、スイッチでも歩道橋でも1人を殺してはならない、と主張する。こうなると、いずれのケースでも同じ答えが出ることになり、「トロッコ問題」は「問題」としては消滅した。

第2章

バイオテクノロジー革命はどこへ行くか

1950年代に、DNAの二重らせん構造が解明されて以来、バイオサイエンスは飛躍的に発展してきた。とりわけ、70年代の遺伝子工学の進化は目覚ましく、現在では自然界に存在しないような生物でさえ、人為的に作製できるようになっている。こうして、バイオテクノロジー革命(BT革命)が始まった。

今まで、バイオテクノロジーが向かう先は、人間以外の生物だった。遺伝子組み換えにしても、クローン生物にしても、人間以外の生物がターゲットになっていたのである。ところが、21世紀になってヒトゲノム(人間のDNA情報)が解読され、バイオテクノロジーは人間自身に向かうようになっている。

人間が生物の一種であることは言うまでもないが、今まで遺伝子工学を人間に応用することには一定の歯止めがかかっていた。しかし、21世紀になって、こうした制限はもはや時代遅れになり始めている。もし、遺伝子組み換えやクローン技術を人間に応用したら、どうなるのだろうか。

2015年、中国で人間の受精卵に「ゲノム編集」を行なった、という報告が提出され、大きな話題となった。ところが、2018年には、「ゲノム編集」した子どもが中国で誕生した、というニュースが伝えられたのだ。これについては、世界的に大きな批判が巻き起こっているが、はたして問題はどこにあるのだろうか。批判する以前に、その意味を考える必要があるのではないだろうか。

この章では、最初の二つの節を使って、遺伝子組み換えを中心としたバイオテクノロジーが人間をどこへ導くのか、考えることにしたい。そのために、プリンストン大学の生物遺伝学教授であるリー・M・シルヴァーが提起した二つの問題に、若干の変更を加えて思考実験を作ることにしよう。

最後の節では、同じバイオテクノロジーの発展でも、遺伝子組み換えとは違う側面から、人間の未来に光を当てることにしたい。20世紀末ごろから、脳神経科学テクノロジーが飛躍的に発展し、人間や社会に対する考えを根本的に変え始めている。今はまだ、その萌芽《ほうが》にすぎないが、やがて正面から取り組まざるをえなくなるだろう。その準備のために、思考実験で考えておくことにしよう。

第1節

「人類最後のタブー?」に挑戦

シルヴァー教授の講演

ここで取り上げるのは、シルヴァーが2006年の著作で紹介している話である。[※1] プリンストン大学の生態学・進化学科の教授は、「優秀な学生獲得のために、イブニングショーを開く」ことになっているが、それをシルヴァーが担当したとき、次のような話をしたようである。かいつまんで要約すると、以下のようになる。

ヒトのDNAとチンパンジーのDNAは、実はほぼ99%まで同じなのです。わたしたちの遺伝子がチンパンジーと同じというだけでなく、遺伝子の内部で起こる小さな変化も、現在分かっているかぎりでは、ほとんど違いが見られません。(中略)チンパンジーとヒトは染色体の面で非常に似通っているので、科学者の大部分が、この二種の交配による子どもは生存可能だと考えています。チンパンジーとヒトの遺伝子が、胎児の体内でどのように作用し合うかは定かではありません。実際のデータを欠く以上、ヒトとチンパンジーのどちらに近い交配種が生まれてくるかは知りようがないのです。

こう話した後、シルヴァーは次のように続けている。

チンパンジーの体がヒトより小さいことを考えると、チンパンジーのメスにヒトの精子を人工授精した場合、胎児があまりにも速く、あまりにも大きくなりすぎて、未熟な状態で生まれた結果、死んでしまう恐れがあります。でも、逆にすればうまくいくかもしれない――人間女性の胎内なら、無事に交配種が完成するかもしれません。健康体で生まれてくるかもしれない。もちろん、そんな実験に我が身を投げ出したいと思う女性は、まずいないでしょうが。

注目したいのは、「ヒトとチンパンジーの交配種が生存可能である」という事態である。DNAや遺伝子、染色体の構造が類似しているので、「科学者の大部分」は二種の交配による子どもが生存可能である、と考えているのだ。とはいえ、実際のデータがないので、それについて具体的に検証されているわけではない。

危ない卒論

シルヴァーの話を聞いた女子学生が、翌日になって彼の研究室に訪ねてきた。「シルヴァー教授、ちょっといいですか?」。それに対して、シルヴァーは「さて、どういうご用件でしょう」と答えたのだが、そのあと学生は堰《せき》を切ったように話し始めた。

昨日の夜、教授が講演でおっしゃったようなことをやりたいんです。わたしの卵子をチンパンジーの精子と合わせて、受精卵を自分の子宮で育てたいんです。その観察記を、卒論にまとめようと思います。

こうした女子学生の相談を受けて、シルヴァーはどう答えたのだろうか。彼はそのときの状況を次のように描写している。

真向かいにいるこの若い女性が、卒論を前にして、とんでもない考えに取りつかれたことは明らかだ。わたしは懸命に言葉を探した。「赤ん坊が生まれたあとは、どうするつもりですか」。彼女が口にした計画の無謀さをなんとか悟らせるべく、慎重に尋ねる。

「生まれてくるのがチンパンジーなら、動物園の霊長類研究所に引き取ってもらえばいい。だが、その子はチンパンジーではないでしょう？　生まれてくるのが人間なら、ヒトの子として扱って、自分で育てるか養子に出すかを決めなくてはならない。だが、その子は純粋な人間でもないでしょう？」

それに対して、女子学生は何と言ったのだろうか。シルヴァーによれば、「見るからにめんくらった様子の女学生の口から」、次のような「言葉があふれ出た」のである。

あの、わたし、生まれる前に中絶すればいいと思って——それで卒論を書きあげる。とにかく、早く実験を終えて卒業したいんです。で、シルヴァー教授——どう思われます？

実を言えば、シルヴァーはこの女子学生の問いに、直接的な形では答えていない。彼は自分自身も含め、友人や同僚たちの反応を次のように述べている。

「さて、わたしはどう思っただろう？　そのときはぎょっとしたが、理由はよく分からなかった。妊娠中絶合法化を支持する友人や同僚も、話を聞かせると同じ反応を示した」

とすれば、いったいこの問題をどう考えたらいいのだろうか。

交配種を産むという思考実験

まず、異種交配について、生物学的にはどうなのか、あらためて確認しておこう。たとえば、シルヴァーは次のように述べている。

ヒトとチンパンジーよりも、はるかに隔たりの大きい二種、例えばシェットランドポニーとシマウマを交配させた結果、健康体の子が生まれた例はいくらでもある。事実、ラマは一千年も前に南アメリカのある民族が、種も縁遠ければ属も異なる二種の動物を無理やり交配した産物だ。

この生物遺伝学者の口ぶりからすれば、ヒトとチンパンジーの交配はそれほど難しそうには見えない。この交配可能性は別にして、相談に来た女子学生が、最初から妊娠中絶することを想定している点に注目しなくてはならない。中絶に関しては、女性の自己決定が最大限重視されるべきだ、というのが今日の常識であろう。しかも、胎児は「半ヒト、半チンパンジーの子ども」であるから、母親（女子学生）が中絶を選択するとしても、反対する（産めと強要する）理由はなさそうである。とすれば、女子学生の質問に、ゴーサインを出してもいいのではないだろうか。

しかしながら、あらかじめ中絶する（殺害する）ことを前提として、生命を宿すこと自体不謹慎である、という批判も可能かもしれない。たとえ「異種交配種」といえども、「生命の尊厳」は認めるべきだから、そうした中絶は許されないと主張する人もいるだろう。

そこで、女子学生の意図とは別に、思考実験としてあらためて問題を立て直すことにしよう。それはシルヴァーに突きつけられた問いとは違って、次のようになる。

女子学生が中絶を前提とせず、むしろチンパンジーとの交配種を自分の子どもとして望むとき、これにどう答えたらいいか？

ここで問題となっているのは、胎児がどのような状態であれ、その子を宿した母親がその子の出産を望む場合、はたして他の人が反対する理由を持つのか、ということである。ミルの自由論の原則（「他者危害則」）によれば、「他人に危害を与えない限り、その人の自由に干渉することは許されない」。たとえ異種交配種であろうと、その子を母親が産みたいと望むのであれば、いったい誰が反対することができるだろうか。実際、シルヴァーは現代の状況として、次のようなことを述べている。

とかく優生学にこだわる現代社会だが、女性が重度の障害を持つ男性や、明らかに異常のある男性と性交する——そして妊娠する——のを止めることはない。アメリカ人の大多数は、たとえ胎児に重度の障害や四肢の欠損が認められても、母親本人の反対を押し切ってまで中絶させることはしないだろう。実際に、この世界では毎日のように、ヒトやチンパンジーの交配種よりもおそらく精神的、身体的に深刻な困難をかかえた人間の赤ん坊が生まれている。現代の民主主義では、人の親となった以上、自分の子どもを危害や虐待から守るべきだという考えかたが一般的だ。

こうした状況を理解するための、ヒントになるような事例を次に考えてみたい。その事例を考えてみれば、おそらくヒトとチンパンジーの交配種について、それほど違和感を持たなくなるのではないだろうか。

「障害」ではなく「個性」と考えよ！

その事例というのは、聴覚障害者が子どもを持つとき、同じように障害を持つ子どもを意図的に選択してもよいか、という問題にかかわっている。この問いそのものは以前から提起されていたものだが、バイオテクノロジーの進展とともに現実化するようになったわけである。実際、21世紀になって次のような事例が報告されている。2007年に出版された『完全な人間を目指さなくてもよい理由』の中で、マイケル・サンデルは次のように書いている。[※2]

数年前の話であるが、子どもをもとう、それも、できれば耳の不自由な子どもを、と決意したカップルがいた。このカップルはともに聾《ろう》であり、またそのことを誇りにしていた。シャロン・デュシェノーとキャンディ・マッカローは、聾を誇りとする他の人々がそうであるように、聾は文化的アイデンティティであり、治療すべき障害ではない、と考えていた。（中略）彼女たちは、聾の子どもを妊娠したいという望みをかなえるために、家族五世代にわたって聾である精子提供者を探し出した。その結果、彼女たちの計画は成功した。二人の息子ゴーヴィンは、生まれながらにして聾であったのだ。

このニュースが報道されると、数多くの非難が寄せられたが、彼女たちは、およそ次のような主張を行なっている。「聾は障害ではなく、むしろ一つの個性である。この個性を望ましいと考えて子どもを産んで、いったいどこが悪いのか？　人類に共通の基準があると考え、そこから外れたら障害と見なすことこそ、差別的な偏見と言わなくてはならない。

むしろ一人ひとりの多様な個性を尊重することが、自由で民主主義的な社会の原則ではないか？」

そうだとすれば、ヒトとチンパンジーとの交配種についても、同じことが言えないだろうか。交配種もまた一つの個性であって、本人が望むのであれば認めるべきとも言えるのではなかろうか。

※1 L. M. Silver, *Challenging Nature*, 2006.〔リー・M・シルヴァー『人類最後のタブー』〔楡井浩一訳、NHK出版、2007年〕〕

※2 M. J. Sandel, *The Case Against Perfection*, 2007.〔マイケル・J・サンデル『完全な人間を目指さなくてもよい理由』〔林芳紀・伊吹友秀訳、ナカニシヤ出版、2010年〕〕

第2節 人間の「遺伝子組み換え」

前節で、プリンストン大学の生物遺伝学教授であるリー・M・シルヴァーが紹介した、人間とチンパンジーの「交配種」の話から、一つの思考実験を作ってみた。この節では、彼が提起したもう一つの問題を取り出し、人間の未来について考えてみたい。この問題は、前節の「交配種」問題に対する、いわば陰画のようなものだ。言ってみれば、両者合わせて一つの全体を構成するわけである。

シルヴァーは、前節の著作に先立つ9年前（1997年）、『複製されるヒト』を出版し、人間の未来に関する壮大な思考実験を提示した。[※1] その書で彼は、2010年、2050年、2350年という未来の時点で、生物としての人間（ヒト）に何が起こるのか、遺伝学者として具体的に予測している。ここでは、その書でどんな未来が描かれるのか、議論したい。

シルヴァーが予言した2010年

まず、2010年の予測であるが、言うまでもなく現在では既に過去となっている。とはいえ、シルヴァーの方向性を理解するうえでも、確認しておいた方がいい。彼によれば、この時点で可能となる出産方法は、次の二つである。

その一つは、夫婦の「受精卵プールの中から」最も望ましい子を選別することだ（【事例1】）。たとえば、夫（ダン）と妻（バーバラ）は、体外受精によって複数の受精卵を作製し、それらの遺伝子検査をすることで、最も望ましい受精卵を選択し、子ども（マックス）を産む。ダンとバーバラは、男女の性別だけでなく、肥満やアルコール依存症といったハンディキャップになりそうな遺伝子を避けて、人生で成功しそうな子どもを出産できる。

もう一つは、一般に「キメラ」と呼ばれる子どもを出産する方法だ（【事例2】）。たとえば、レズビアンのカップル（チェリルとマドレーン）が、「結婚して、他の夫婦と同じように、二人の血を引いた子ども（レベッカ）を持ちたいと思った」とき、どうすればいいだろうか。シルヴァーによれば、第三者から提供してもらった精子を使って、それぞれの女性との受精卵を作り、そのあとで両者を融合すると可能になる。こうして、彼女たちは、「最新の生殖技術で、その夢を叶えることができた」わけである。生物学的に言えば、子どものレベッカは「3人の遺伝的な親」を持ち、「キメラ人間」と呼ばれる。
現在から見ると、前者の方法は男女別出産など、すでに可能となっている技術も少なくないが、遺伝子検査の精度は十分とは言えない。それに比べて、後者の方法については、現在のところ「実用段階」には至っていない。どうしてだろうか？　技術的な問題なのだろうか？　シルヴァーはその理由を、次のように述べている。

技術的に実現可能だからと言って、即、利用できるというわけではない。また、さまざまな理由から、意図的な人間のキメラの作出に反対の声があがっている。多くの人々の頭を最初によぎるのは、人間のキメラをつくることはおぞましい行為であり、生れた子どもの存在自体が「不自然」だ、という考えだろう。

ところが、彼は「この意見は正しいとは言えない」と主張している。というのは、現在でさえも、「人間のキメラは、自然妊娠でも誕生し、その大部分がみずからの特殊な立場に気づかないまま、普通の生活を営んでいる※2」からである。とすれば、最新の生殖技術を利用して、意図的に人間のキメラを作ったところで、それに反対する理由はあるのだろうか。

2050年にはどうなっているか

つぎに、21世紀の中ごろに関するシルヴァーの予測はどうだろうか。彼が示しているのは、「ヴァーチャル・チャイルド」と「人間のクローニング」という二つの事例であるが、いささか分かり難いかもしれないので、それぞれ具体的に見ておこう。

一方の「ヴァーチャル・チャイルド」であるが、体外受精によって作製した受精卵を遺伝子診断して、コンピュータ画面上でその子どもの将来の（ヴァーチャルな）姿を表示し、両親が望む子を選択する、という方法だ（【事例3】）。シルヴァーの想定では、夫（カーティス）と妻（メリッサ）が、体外受精によって96個の受精卵を作製したうえで、「どのような人間になりうるかを詳細に記したカテゴリーの一覧表」を見て、それぞれチェックする。そのカテゴリーは、「重度の単一遺伝子異常、複合的疾患及び感染症の素質、生理的及び身体的特徴、そして、生来の性格と認知的性格に分かれている」。こうして両親は、子ども（アリス）の将来の姿をヴァーチャルに確認しながら、望ましい子どもを出産することになる。

他方でシルヴァーは、20世紀末に可能になった体細胞クローン技術から、子どもの出産が実現すると見なしている。つまり、「クローン人間」の誕生だ（【事例4】）。彼が描いたストーリーでは、独身女性（ジェニファー）が、自分の体細胞と未受精卵を使って、自分のクローン（レイチェル）を出産する。

ジェニファーは健康で、不妊症でもなかったので、クローニングの過程でほかの人間が生物学的に関与する必要はなかった。卵巣から1ダースの未受精卵が取り出されて、核が抜かれた。そのひとつひとつに、彼女の口の内部から採取したドナー細胞を融合した。培養期間を経て顕微鏡で調べたところ、健康な胚が認められそのうちの2個を彼女の子宮に戻した。

こうして生まれたレイチェルは、「ジェニファーから36年遅れて生まれた」「同じ遺伝子を持つ一卵性双生児」と言えるだろう。もちろん、

ヴァーチャル・チャイルド

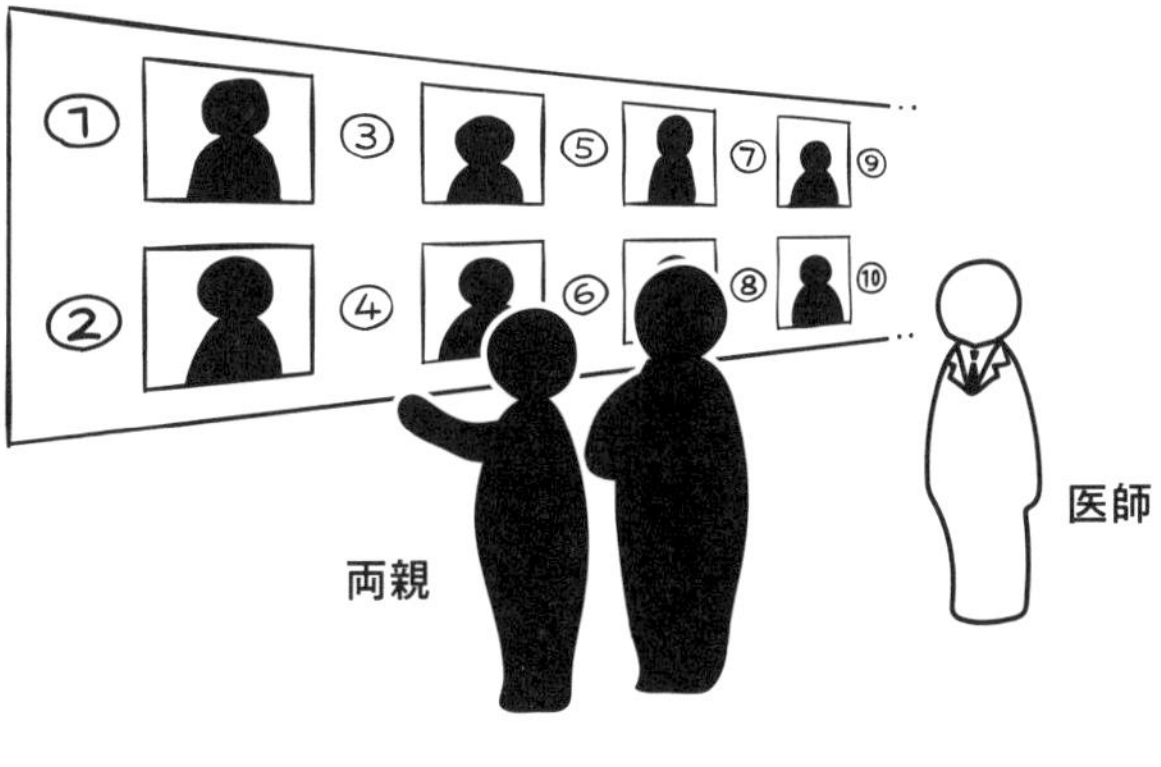

自然妊娠において、一卵性双生児は世界で数多く出産されている。とすれば、時間差の一卵性双生児＝クローン人間に反対する理由など、はたしてあるのだろうか。

２３５０年に起こる大きな変化

今までの話だけでも、おそらく少なからぬ驚きをもたらすのではないだろうか。けれども、シルヴァーの意図はむしろ、その先にある、と言ってよい。彼は、いわゆる「デザイナー・チャイルド」、つまり受精卵の遺伝子を組み換えて子どもをつくる方法を説明しながら、それがどんな未来を開くのか描いている（【事例５】）。その一つとして、２３５０年に起こる出来事を次のように展望する。

アメリカ合衆国はまだ存在しているが、それは、２０００年代とはまったく違っている。一番の違いは、１９８０年代に始まった社会の二極化が行くところまで行き着き、すべての人間が二つの階級のどちらかに属するようになったことだろう。一つはナチュラルと呼ばれる階級、そしてもう一つは遺伝子改良人類、ジーンリッチと呼ばれる階級である。（中略）現在のジーンリッチ人間の基礎となったのは、祖先をたどるとすべて、遺伝子改良が完成した21世紀にまでさかのぼるわけではない。22世紀や23世紀にも、努力して財を成し、子どもをジーンリッチ階級へ送り込む親は存在した。だが、時間の経過とともに、ナチュラルとジーンリッチのあいだの遺伝的な差は大きくなる一方であり、今となっては、ナチュラルからジーンリッチ階級へ格上げされることはほとんどない。社会が完全に二極化する寸前まで来ていると言っても、あながち間違ってはいないだろう。（中略）世代ごとに改良が加えられて、ジーンリッチとナチュラルの間の遺伝形質の差異が大きくなっていったことは、誰の目にも明らかである。だがここへきて、その差異が引き起こした驚くべき事実に目が向けられるようになった。異なる階級間で結婚をした数少ないカップルに対して、社会学者が全国的な調査を行なったところ、不妊率がなんと90％だった。カップルを検査した生殖遺伝学者は、不妊の原因は主として、遺伝子形質の不一致であると結論を出した。

遺伝子を改良しつづける「ジーンリッチ階級」と遺伝子の改良を行なわない「ナチュラル階級」――これらは、やがてまったく違った生物となってしまう。そのため、２３５０年には数少ないとはいえ両階級の間にカップルが成立したが、時がたてば、その差は「人間とチンパンジーとの差」以上になるかもしれない。こうして、次のような委員会報告書（委員会設立者アルバート・ヴァーシップ博士）が提示される。

遺伝学の知識の蓄積と、遺伝子改良技術の進歩が、今後も現在と同じ割合で進めば、西暦3000年までに、ジーンリッチ階級とナチュラル階級は、ジーンリッチ人類とナチュラル人類――交配不可能なまったく別の人種になり、両者のあいだに生まれる恋愛感情は、現在の人類がチンパンジーに対して感じる程度のものになると予想される。

シルヴァーによれば、こうしたシナリオは、「最新知識の延長上に組み立てられて」いるので、「生物医学分野での進歩が今と同じ調子で続けば、私の控えめな予測よりもずっと早い時期に、似たようなことが現実となるだろう」。人間は、自分たちの子孫の遺伝子を改良し続けることによって、いわば人為的な進化を遂げるわけである。

人間の未来を再考する

さて、シルヴァーが描いた3つの年代と5つの事例を読むと、もしかしたら「荒唐無稽なSF小説」や「現実離れした映画の話」のように思われるかもしれない。たしかに、「キメラ」や「クローン」といった言葉は、何か得体のしれない不気味さを感じさせ、「ヴァーチャル・チャイルド」や「デザイナー・チャイルド」などの概念は、作り物じみた印象を生み出すことだろう。

しかしながら、シルヴァーによれば、こうした技術自体は空想的なものではなく、今でも可能な水準の延長線上に位置しているのだ。その点では、原理的に不可能なわけではない。問題は、こうした技術を将来において積極的に開発実施していくのかどうかにある。現在の遺伝子工学を積極的に進めていけば、遺伝子診断【事例1】もキメラ人間【事例2】も、ヴァーチャル・チャイルド【事例3】も、クローン人間【事例4】も早晩誕生することになるだろう。

では、遺伝子改良（「デザイナー・チャイルド」）による人間の進化【事例5】はどうだろうか。ヴァーシップ博士になったつもりで、どう考えたらいいか想定することにしたい。

委員会報告書の内容を見て、2350年である現在が、ジーンリッチ人類とナチュラル人類の分岐点であることが明確になる。今ならまだ、「遺伝子改良を法律で禁止する」ことができるかもしれない。しかし、それを実施したとしても、現在の二つの階級を「一つに戻す」ことは不可能ではないだろうか。とすれば、いったいどうすればよいのだろうか？

しかし、人間の遺伝子を改良することは、そもそも禁止すべきことなのだろうか。「子どもを欲しがっている夫婦は、わが子には最高の利点を与えてやりたいと思うものだ。この願望は、今も昔も変わらない」。こうシルヴァーは語っているが、実際そうに違いない。そうであれば、安全で可能な技術があり、しかも経済的にも利用可能な金額であれば、それを禁止する理由はどこにあるのだろうか。おそらく現在であれば、どの方向に進むにしろ、まだ間に合うかもしれない。

※1 L. M. Silver, *Remaking Eden*, 1997.〔リー・M・シルヴァー『複製されるヒト』〔東江一紀・真喜志順子・渡会圭子訳、翔泳社、1998年〕〕

※2 自然妊娠では、例えば二卵性双生児が母親の胎内で融合してできる場合がある。

第3節

殺人は脳がやらせた!?

前2節では、現代のバイオテクノロジーが人間の未来に対して、どんな世界を開くのか考えてきた。20世紀後半に始まった遺伝子工学は、やがてヒトのDNAを組み換え、今までとは違った生物（ポストヒューマン）を誕生させるかもしれない。人間は今、人為的な進化の道を歩み始めている。

本節は、こうした発展とは異なる新たな側面について考えることにしたい。1990年代は、「脳の10年」とも言われるほど、脳神経科学が発展した時期でもあった。しかし、ニューロサイエンスの発展は、今まで自明なものと考えられてきた人間の自由意志について、大きな問題を引き起こすのではないだろうか。

脳科学の進展は何をもたらすか

もちろん、「自由意志」の問題は、何も近ごろ急に始まったわけではなく、古くから繰りかえし議論されてきた。ところが、今日これがホットな話題になっているのは、脳神経科学の発展によって、まったく状況が一変したからである。ここでは、アメリカの脳神経科学者マイケル・ガザニガの説明を引用しておこう。※1

現在、さまざまな脳メカニズムが研究されている。（中略）脳の変化が、心が変化するための必要十分条件であることはすでに明らかになった。近年では、脳神経科学というジャンルのなかに、脳が心を生み出す仕組みを専門に調べる認知神経科学という研究分野も誕生している。

こうした21世紀の脳科学の現状を受けて、昔ながらの問題を心配する声が高まってきた。自由意志と個人の責任の問題である。具体的に言うと、こういう考え方だ。心を決めているのは脳であり、脳は物質である。物質は、物質界を支配するあらゆる法則に従う。物質界に起きる事象は何らかの原因によって必然的に規定されているのだから、私たちの脳の活動も因果律によって決定されているにちがいない。脳が決定されていて、しかも脳が心を生むための必要かつ十分な器官であるなら、次のような疑問が残される。心に生じる思考もあらかじめ決定されているのか。私たちが経験しているように感じる自由意志は、幻想にすぎないのだろうか。自由意志が幻想だとしたら、自分の行為に責任を負うとはどういうことかを考え直す必要がありはしないか。

この難問は、何十年も前から哲学者を悩ませてきた。だが、脳の画像化技術が到来してからは、哲学者だけでなく脳神経科学者もこの問題を解き明かそうとしている。

周知のように、アメリカでは1990年、大統領（ブッシュ・シニア）のもとで「脳の10年」が開始されている。fMRIなどの脳画像法技術が飛躍的に進展し、開頭しなくても脳の活動を観察できるようになったのだ。こうして、人間の心の秘密が、科学的に明らかにされ始めている。まさに、「脳研究は心を理解するための王道である」と表現できるかもしれない。しかし、問題はここから何が引き起こされるかである。

ハリーの脳が殺人をやらせたのだ

具体的に考えるために、ガザニガが示した思考実験を取り上げてみよう。これは、殺人事件のために逮捕されたハリーという人物を、裁判にかけるという事例である。

思考実験❶ ハリーの裁判

被告側の弁護士は、クライアントの脳画像から一画素分でもいいから異常を見つけたがっている。たとえば、犯罪に走りやすい素因を持っている。衝動を抑制するはずのネットワークがうまく機能していない、などだ。そうした異常があれば、次のような主張が成り立つ。「ハリーがやったのではありません。ハリーの脳がやったのです。ハリーに行為の責任はありません」

実際、ガザニガも明言するように、「普通より攻撃的な脳というのは確かに存在し、それを裏づける証拠もある」。脳の器質的な障害や神経回路の乱れによって、暴力行為や犯罪が引き起こされる、とも言われている。ある精神病理学者は、「殺人は脳の病である」とさえ語っている。[※2] 現時点では、犯罪行為と脳の関係について、十分に解明されているとは言えないが、おそらく将来において説得的なエビデンスが示されるだろう。

とすれば、殺人を行なったのは「ハリーではなく、ハリーの脳だ」と言うべきだろうか。ところが、不思議なことに、ガザニガはそうした結論に向かうことはない。「私たちは、個人の責任という概念を捨てるべきなのだろうか」と自問した後、次のように答えている。「脳と、心と、人の区別をつける必要がある。人は自由であるから、自らの行為に責任を負う。脳には責任はない」

この返答は、ある意味で常識的だと言えるが、脳科学者としてのガザニガの議論からは、あまり説得的とは思えない。彼の言うように、「脳が心を生みだすための必要かつ十分」な条件であれば、「殺人をやったのはハリーの脳だ」と結論すべきだろう。ガザニガは、せっかく問題を鮮明に打ち出したにもかかわらず、中途半端な議論に終わってしまっているように見える。
それでも、彼がこの問題の射程について、興味深い示唆を与えているのは間違いない。というのも、ガザニガはこの裁判の陪審員を想定しながら、次のように述べているからだ。

被告が恐ろしい犯罪を犯したのは、自らの自由な選択によるものか。それとも、被告の脳と過去の経験がその行為を行なわしめたのであって、被告に選択の余地はなかったのか。現代科学の考え方と日々の現実がぶつかり合う場面ではたいていそうであるように、陪審員はこうした見方をすぐには受け入れないだろう。だが、私はあえてこう言いたい。どんなに厳しい陪審員も、そうせざるをえなくなる、と。いつかこの問題が、司法制度全体に影を落とす日が来るからだ。

ここでは、さりげなく語られているが、実は近代社会そのものを根底から覆すような、きわめてラディカルな問題が突きつけられている。脳科学の進展は、近代社会が自明と見なしてきた制度や考えを、解体するのではないだろうか。しかし、どうして、脳科学が発展すると、近代社会の制度や思想を揺るがすことになるのか。

脳科学の進展がもたらすこととは

近代社会では、人は理性的な判断能力を持ち、各人の意志によって行為を自由に選択できる、と見なされてきた。こうした自由意志が前提されるからこそ、犯罪を行なえば、その責任をとらなくてはならないのだ。ある状況下で、犯罪行為をするかどうかは、あらかじめ決定されていない。犯罪を選択しないこともできたのに、あえて意志的に選択したわけである。だからこそ、その犯罪に対する責任がその人に帰せられることになる。

この点は、処罰についても同じように考えられている。フランスの哲学者ミシェル・フーコーが『監獄の誕生』で明らかにしたように、近代社会では犯罪を行なえば、監獄に収容され、規律正しい生活を送りながら反省を深め、自分自身を矯正しなくてはならない。これは、「近代的な責任主体」という思想に基づいた制度と言えるだろう。反省したり、矯正したりできるためには、犯罪を行なわないことも可能であった、という自由意志が前提されている。

ところが、現代の脳科学が明らかにしつつあるのは、こうした自由意志など幻想にすぎない、ということである。ハリーは、殺人をしないこともできたのに、自分の意志であえて殺人をやったわけではない。むしろ、彼の脳の器質的な異常や、神経回路がコントロール不可能だったために、殺人をせざるをえなかったわけである。そのとき、彼には他の選択の余地がなかったのだ。まさに、「ハリーの脳が殺人をやらせた」のである。

こうした犯罪行為に対して脳科学研究がどこまで明らかにできるかは、今のところ未知数である。だが、犯罪と脳の関係について、少しずつ解明されつつあるのは確かであろう。とすれば、脳科学研究がさらに進展すれば、犯罪行為を脳の物質的状態によっていっそう説明できるようになる、と期待できる。

そうだとすれば、脳科学研究の進展によって、処罰のあり方も大きく変更せざるをえなくなるだろう。監獄に収容するのは、犯罪者が自由意志を持ち、自ら反省・矯正できる責任主体であったからである。もし、脳が原因で犯罪が行なわれたのであれば、監獄に収容しても、反省も矯正も望むことは不可能だ。犯罪の原因である脳に変更を加えない限り、犯罪がなくなることはない。監獄に対して、犯罪者を社会から隔離するだけの施設と考えれば別かもしれないが、もし近代的な制度のように反省・矯正の施設と見なすならば、その効果はほとんど期待できない。とすれば、脳科学研究が進んでいくと、今後どのような対策が必要になるのだろうか。

犯罪者には道徳ピルを

こうした問題を考えると、オーストラリア出身のピーター・シンガーが「ニューヨーク・タイムズ」紙で語った記事に行きつくのである。[※3] 彼は犯罪者の矯正について、興味深い思考実験を示している。

思考実験❷ 犯罪者に道徳ピル

脳科学の研究は、他人を援助する道徳的な人と援助しない非道徳的な人の脳で、どのような生化学的相違があるのか明らかにしてきた。この研究が続けば、やがては道徳ピル（他人をより援助するようにさせる薬）に行きつくだろう。そうなると、犯罪者たちに、刑務所に行く代わりに、道徳ピルを飲むという選択肢を提示できるかもしれない。また、政府は、国民の脳を検査して、犯罪を行ないそうな人々を見つけ出し、彼らに道徳ピルを飲むように提案することもできるだろう。もし、これを拒否したら、いつでも居場所が分かるように、ＧＰＳを取り付けたらいいかもしれない。

「道徳ピル」という発想は、一見したところ奇妙に感じるかもしれないが、現代の脳科学研究の方向を考えると、おそらく納得できるのではないだろうか。もし、犯罪行為の原因が脳にあるとするならば、それを矯正するには脳に働きかけることが有効だろう。現在でも、精神的な病に対して、薬物療法が実施されているのは、あらためて注意するまでもない。とすれば、犯罪者に対して道徳ピル、という考えは説得力を持つように思われる。

しかも、シンガーの思考実験では、犯罪者の矯正というだけでなく、犯罪の予防という観点からも、「道徳ピル」が提唱されている。政府が国民の脳を検査して、「犯罪を行ないそうな人々」を発見する、とされる。そこで「犯罪者脳」や「反道徳的脳」が検出されるとき、予防のため彼らに「道徳ピル」を処方する。もし彼らが、服用を拒否するなら、GPSを取り付けて彼らの居場所をたえずチェ

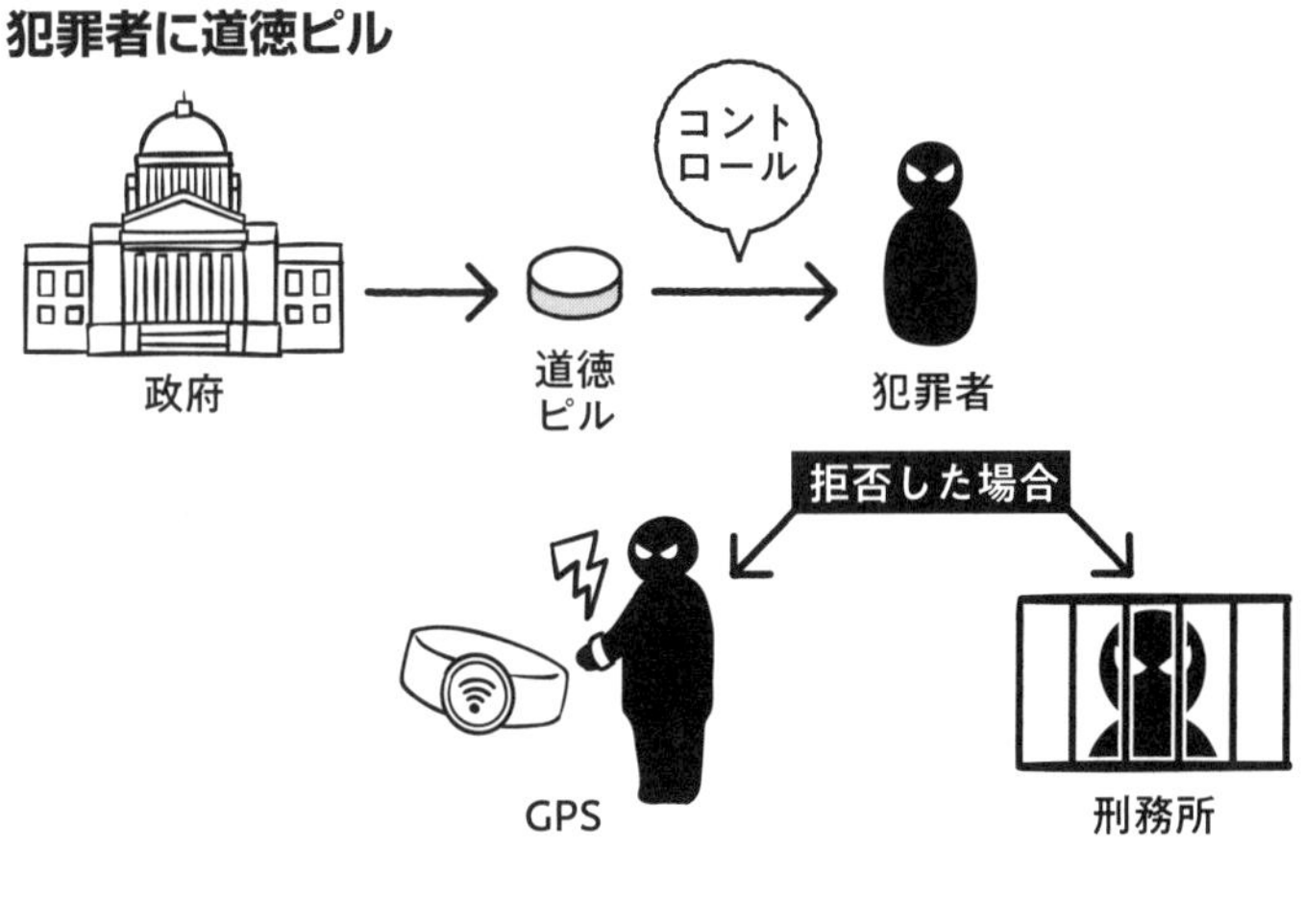

ックしよう、というわけである。

こうしたシンガーの提案を読むと、脳科学研究の進展が人間をどこへ導くのか、図らずも表しているのではないだろうか。『私は脳ではない』を書いた現代ドイツの哲学者マルクス・ガブリエルは、脳科学研究と「コントロール社会」の深い関係を語っている。[※4]

※1 Michael S. Gazzaniga, *The Ethical Brain*, 2005.（マイケル・S・ガザニガ『脳のなかの倫理――脳倫理学序説』〔梶山あゆみ訳、紀伊國屋書店、２００６年〕）

※2 福島章『殺人という病――人格障害・脳・鑑定』（金剛出版、２００３年）

※3 P. Singer & A. Sagan, "Are We Ready for a 'Morality Pill'?", *The New York Times*, January 28, 2012.

※4 Markus Gabriel, *Ich ist nicht Gehirn—Philosophie des Geistes für das 21. Jahrhundert*, 2015.

まとめ

1. プリンストン大学の生物遺伝学者によれば、人間とチンパンジーのDNAは99％同じで、染色体の構造も似通っているので、交配が可能であり、チンパンジーのオスと人間のメスで交配種を誕生させることができる。

2. 人間の遺伝子を組み換える技術が向上し、今後は遺伝子を組み換えるのに積極的な人たちと、遺伝子を組み換えるという人為的な技術を使わない人たちの間で、大きな違いが生み出されていくだろう。遺伝子を組み換え、能力を向上させる遺伝子リッチ派の子孫と遺伝子組み換え技術を利用しないナチュラル派の子孫では、数世代後の未来では、交配しても子どもが生まれなくなるほど、DNAの構造が違ってくるだろう。

3. ニューロサイエンスが発展し、脳のプロセスと心や行動の関係がより明確に解明されるようになると、人間の自由意志はどうなるのか。とくに犯罪が脳の故障から生じた結果である、と解明されたら、その責任や処罰はどうなるのだろうか。もしかしたら、人間観が変わるだけでなく、社会制度も根本から変更を余儀なくされるかもしれない。

第3章
ようこそ情報管理社会へ

20世紀の後半、BT（バイオテクノロジー）革命とともに、歴史的に大きな転換を引き起こしたのが、IT（情報テクノロジー）革命と呼ばれるデジタル情報通信技術による社会的な変革である。コンピュータが普及し、その情報が世界規模のネットワークのうちで瞬時に流通する。しかも、21世紀に入ってスマートフォンが開発され、通信も無線化されるようになった。これは、単に技術的な変化にとどまらず、私たちの考えや生き方にまで変更を迫るのではないだろうか。

歴史的に見れば、IT革命は15世紀のグーテンベルクの活版印刷術に匹敵する、メディア革命と考えることができる。ドイツの哲学者ノルベルト・ボルツは『グーテンベルク銀河系の終焉《しゅうえん》』の中で、現代社会を「コンピュータ・テクノロジー、（磁気）記録媒体や巨大通信網などが登場する時代」と規定したうえで、「グーテンベルク銀河系の没落、書物文明の終焉」と呼んでいる。現代人は、「ポスト活版印刷術的人間」なのである。

IT革命に近代の歴史的転換を見る点では、フランスの哲学者ジル・ドゥルーズも変わらない。晩年近くに書いた小論「管理（コントロール）社会について」の中で、ドゥルーズは近代の「規律社会」と区別しながら、コンピュータと巨大通信ネットワークを駆使する現代社会について、「管理社会」と呼んでいる。「わたしたちが管理社会の時代にさしかかったことはたしかで、いまの時代は厳密な意味で規律型とは呼べないものになった」のだ。

では、デジタル情報通信網が張り巡らされ、コンピュータを駆使する管理社会とは、どう理解したらいいのだろうか。

この章ではまず、前章のバイオテクノロジーとの関連で、コントロール社会がなぜ必要となるのか、明らかにしたい。はっきり言ってしまえば、バイオサイエンスやニューロサイエンス（神経科学）の将来は、人々の情報をいかに収集・管理するかにかかっている。コントロール社会なくして、バイオ＝ニューロサイエンスの発展は望むことができない、と言ってよい。その点をまず、見定めることにしたい。

第1節　バイオ＝ニューロサイエンスの発展

ヒトゲノム計画で何が分かったのか

話を分かりやすくするため、歴史的な事実から始めることにしよう。1990年に、アメリカで「ヒトゲノム計画」と呼ばれるプロジェクトが始まったが、これは人間の「ゲノムの全塩基配列を解析する」という目標を持っていた。この計画が始まった頃、人々の不安を掻《か》き立てたのは、今でも記憶に残っている。

その一つが、ヒトのDNAが解読されてしまえば、人間の未来があらかじめ予測されてしまい、もはや生きる意味が失われるのではないか、というものである。とくに、今のところ発症していない重大な病が予言されたとき、それに対して予防する手段も治療する方法もない場合に、実際のところ予言された方がいいのか。

たとえば、ハンチントン病と呼ばれる遺伝病がある。これは30代の頃に発症することが多く、いったん発症すると、手足が自分の意志とは関係なく動いたり、いら立ちやうつ状態が続いたりする。これが次第に進むと、やがて自分一人で日常生活を送ることが困難になる、と言われている。

こうした病に対して、ヒトゲノムの解析は大きな力を発揮する、とされた。ハンチントン病の患者のDNA構造では、通常とは異なる特徴的な塩基配列が見出されたのだ。そこで、現在のところまだ発症していなくても、DNA解析を行なえば、将来的な予測が可能になったわけである。そのため、1990年代には、次のような思考実験がよく語られた。

思考実験❶ 20歳の学生の選択

父親がハンチントン病だったが、自分はまだその症状が現われていない学生（A）の場合、将来その病が発症するかどうか知るために、ゲノム解析を受けた方がいいのだろうか。この検査によって、10年後に発症する可能性があると言われても、現在のところ予防することも治療することもできないとすれば、はたして検査した方がいいのだろうか？

ヒトゲノム計画以後、こうした思考実験はたんなる可能性にとどまらず、現実的にもそうした選択に直面した人も少なくなかった。しかし、ヒトゲノム計画によって明らかになるのは、この病気だけでない。むしろ、将来において病気になるさまざまな可能性なのである。何歳の時にどのような病気に罹患《りかん》し、寿命が何年である、といった未来予測である。

そんなことが分かったら、私たちは何のために生きているのか、途方に暮れるのではないだろうか。じっさいヒトゲノム計画が発表されて、人間のゲノム情報が解明されるにつれて、人々の将来への不安が高まっていった。

遺伝子が分かれば、すべて分かる

この計画は、情報技術の発展とあいまって、当初の予定よりも早く、2003年には完了した。だが、それによって人間の未来が十分予言できるようになったのだろうか。当初の予想では、ヒトゲノムを完全に解読することによって、病気をはじめ人間の身体的な特徴や能力、さらには心理的性格や精神的特質・能力なども明らかになる、と期待されていた。

その中でも特に強い主張が、遺伝子決定論である。それによると、人間のDNA、とりわけ遺伝子を特定すれば、病気だけでなく、身体的・精神的特質や能力をも明らかにできる。「遺伝子が分かれば、身体や精神のあり方も分かる」というわけである。では、ヒトゲノム計画の完了によって、はたして人間の病気だけでなく、その他の身体的な特徴や能力、また心理的な特質や能力などが分かるようになったのだろうか。

ところが、ヒトゲノム計画が完了して分かったのは、身体的特徴・能力、さらには心理的な特質・能力などについて、決定的なことがほとんど分からない、ということだった。じっさい、ハンチントン病などの遺伝的な疾患にしても、遺伝子が特定されても、それだけでは厳密に決定されるわけではないのである。何%の割合でその遺伝子が出現したとき、何%の割合で病気が発症するといった、いわば統計的なことしか確定できないのである。

ハンチントン病は、単一遺伝子に由来する疾患とされ、遺伝子と病気との対応は緊密な部類に属する。それでも、この両者の対応関係は、かなりアバウトであり、DNAを検査したからといって、病気発症を厳密に予測できるわけではない。しかも、遺伝性の疾患でも、単一遺伝子に由来するものは、必ずしも多いわけではない。とすれば、遺伝的な病気全般に関して、DNAを検査すれば、直ちに病気の予言ができるとは言えないのだ。

遺伝的な病気でさえこうした状況であるとすれば、その他の身体的な特徴や能力、さらには心理的な特質や能力に関しては、いっそう困難なはずである。DNAの構造が分かったからといって、そこから直ちに身体や精神に関して、厳密なことが確定できるわけではないのだ。

その点を理解するために、遺伝子型と表現型という、よく知られた対概念を導入することにしよう。遺伝子型というのは生物の遺伝的特性の基礎となる遺伝子構成であり、表現型というのは生物に現われた形質である。遺伝子型はＤＮＡにおける４つの塩基（アデニン・グアニン・シトシン・チミン）の配列であり、表現型は生物の身体的・精神的特徴や能力全体と考えることにしよう。

ヒトゲノム計画で解読されたのは、実を言えば、遺伝子型の方だったのである。しかし、遺伝子型が解読されたとしても、そこから表現型がストレートに決定できるわけではない。問題となるのは、この両者の対応関係がどうなっているかである。しかも事態を複雑にしているのは、この対応関係が多くの場合、単純な「1対1対応」になっているわけではないことだ。

ハンチントン病のように単一遺伝子を確定できたとしても、それだけで病気が決定されるわけではない。むしろ、ＤＮＡの塩基連鎖

遺伝子型と表現型

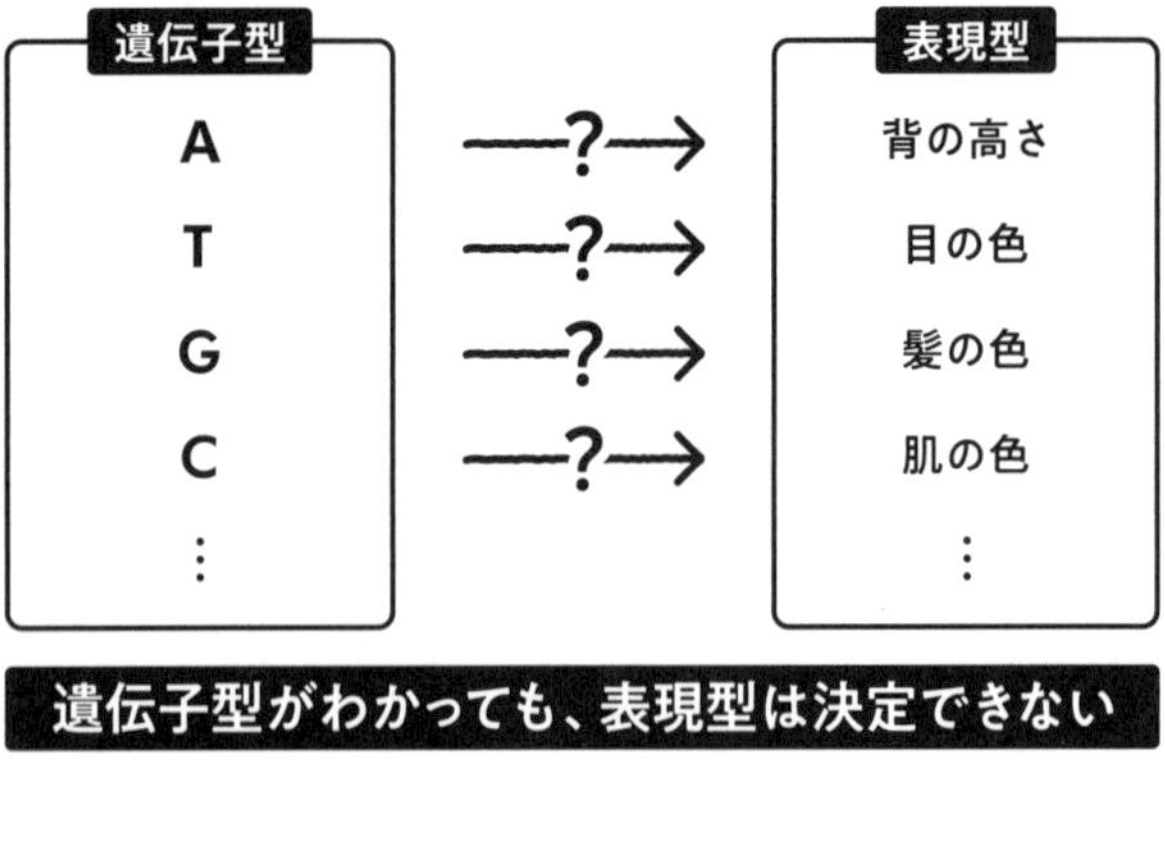

の中で、その遺伝子がどれほどの割合で出現するか、さらには出現したときどれほどの割合で病気が発症するか――こうしたことが、いわば統計的に分かるだけである。その意味では、現在のところ、「遺伝子が分かれば、その人の形質がすべて分かる」といった遺伝子決定論にはほど遠い。

脳と心との対応はどうなるか

同じことは、脳と心との対応関係についても言えるだろう。一方で、脳と心が対応していることは、おそらく誰でも認めるはずだ。それにもかかわらず、他方で、脳と心が厳密にどう関係しているかは、必ずしも明確にはなっていないのである。たとえば、犯罪行為と脳の関係について、積極的に語っている神経科学者デイヴィッド・イーグルマンでさえも、現在の状況を次のように表現している。※1

脳と行動のあいだに強い関係があることは分かっているが、神経画像は未熟な技術であり、有罪か無罪かの判断に意味のある介入はできず、個別のケースではなおさらだ。画像検査法は高度な処理が行なわれた血流信号を利用し、数十立方ミリメートルの脳組織を対象とする。脳組織には一立方ミリメートルにつき一億あまりのニューロン間シナプス接続がある。したがって現代の神経画像は、スペースシャトルに乗っている宇宙飛行士に、窓の外を見てアメリカがどうなっているかを判断しろというようなものだ。

こうした困難さは、決して脳画像法という観察方法の未熟さに由来するだけではない。一方で、脳は物理的・化学的に観察可能なもので、さまざまな器具を使ってその状態やプロセスを測定できる。それに対して、他方で心や精神は、非物質的なもので内面的に理解するほかない。行動となって物理的に観察できることはあるが、なぜその行動をとったのか、意志を理解するときには、やはり同じことだ。

こうした事情もあって、非物質的な心をいかにして物理的な観察によって理解するか、真剣に議論されてきた。その一つが、1800年前

脳神経型と心(表現型)

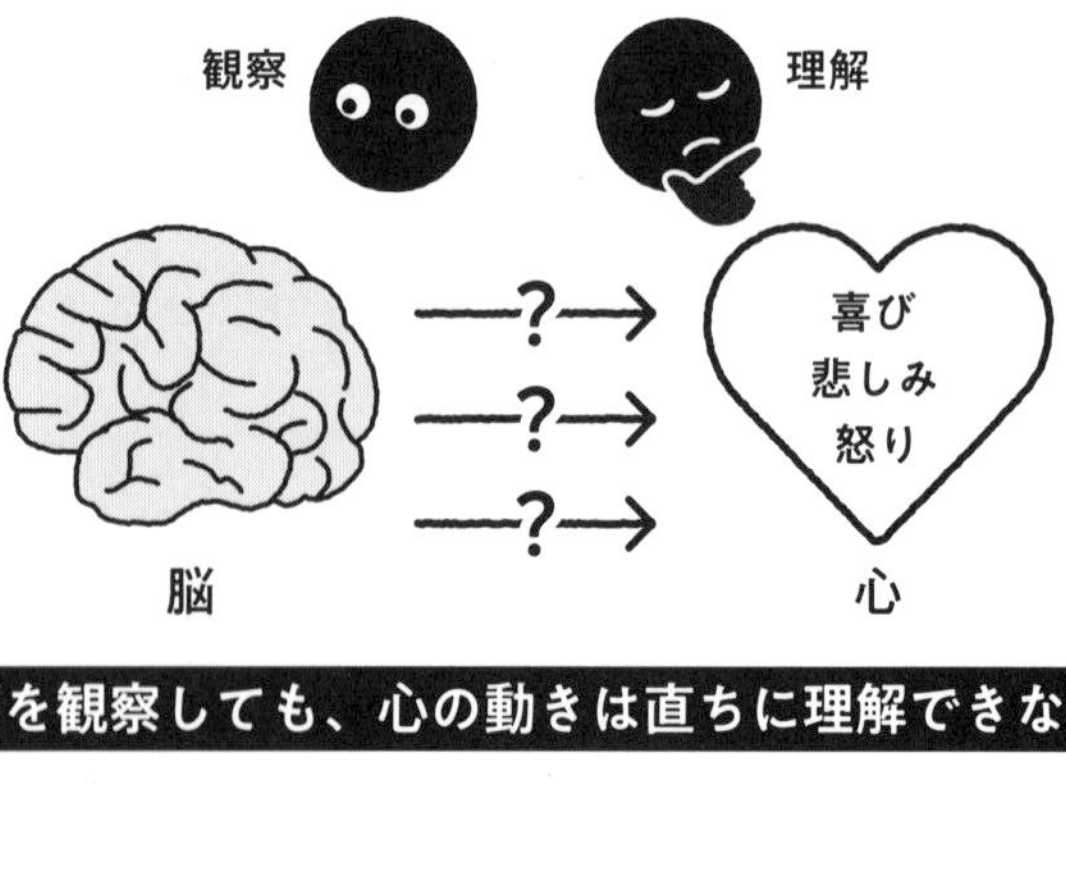

脳を観察しても、心の動きは直ちに理解できない

後にヨーロッパで流行した人相学や骨相学である。人相や頭骨の形を見れば、その人の精神が分かる、と考えられた。[※2] 今から見ると何ともナイーブな議論だが、見えない心や精神を、観察可能な物質によって理解しようとする姿勢は、現代の脳科学にも通じている。そこで、先の議論と同様に対応関係を図解すると、116ページのようになる（「脳神経型」という言葉は筆者による）。

たしかに、脳を物理的に観察すれば、腫瘍などの医学的な変化は解明することができる。それにもかかわらず、脳の物理化学的構造から、心や精神の特質や能力を直ちに理解できるわけではない。両方の対応関係については、今のところ、具体的に確定できることはそれほど多くない。

コントロール社会が要請される！

こうして、バイオ＝ニューロサイエンスのために、一方で人々の遺伝子情報や脳神経情報が、他方で人々の行動や身体的・精神的な特質・能力に関する情報が、詳細に収集されなくてはならない。対応関係を見出すためには、統計的なデータをできるかぎり多く取得しなくてはならないのだ。

言いかえると、バイオ＝ニューロサイエンスを発展させるためには、たくさんの人々の遺伝子情報・脳神経情報、日々の活動情報、身体的状態や能力、精神的特質や能力などの情報が収集され、データベース化されて、いつでも利用可能になっていることが望ましい。とすれば、おそらく今後の社会では、次のような政策が求められるかもしれない。

思考実験❷ 国民の情報が完全にコントロールされた社会

バイオサイエンスと脳科学研究が今後飛躍的に発展するために、政府は国民全体の情報を収集するよう決定した。遺伝子情報は出生時に、脳神経情報は定期的に検査する。身体的精神的情報については、日々の活動とともに四六時中モニターし、その情報を登録していく。このように集まったデータを基にして、遺伝子型や脳神経型と、表現型との対応関係を明確に規定していく。

こうして出来上がった国家、バイオ＝ニューロサイエンスの発展のために、コントロール社会が要請されなくてはならない国家を、国民は支持できるだろうか。

※1 D. Eagleman, *Incognito: The Secret Lives of the Brain*, 2011.（デイヴィッド・イーグルマ

ン『意識は傍観者である――脳の知られざる営み』(大田直子訳、早川書房、2012年)

※2 当時流行していたラファーター(Johann Caspar Lavater)の「人相学」やガル(Franz Joseph Gall)の「骨相学」を、ヘーゲルは『精神現象学』(1807年)の中で、批判的に検討している。

第2節

コントロール社会からの逃走は可能か

前節では、バイオ＝ニューロサイエンス革命がなぜコントロール社会へ行きつくのかを見てきた。その際、コントロール社会とは何かについて、必ずしも説明しなかった。この言葉を「管理社会」と訳すと、おそらく違ったイメージを掻き立てるに違いない。たとえば、人々の思想や行動をがんじがらめに縛りあげ、自由を抑圧する恐怖の体制のように。しかし、そう考えると、コントロール社会の問題点は見えてこない。

コントロール社会では、人々は自由に行動する。にもかかわらず、見事にコントロールされるのだ。

自由とコントロールは、単純な排斥関係ではない。そこで、現代のコントロール社会で、いかにして（はたして）自由が可能なのか、問い直さなくてはならない。コントロールへの服従、あるいは抵抗をどう考えるか、これが次の問題である。

パノプティコンからスーパー・パノプティコンへ

「コントロール社会」というとき、一般にどんな社会が思い浮かぶだろうか。もしかしたら、ミシェル・フーコーによって有名になった「パノプティコン」が、イメージされるかもしれない。「パノプティコン」というのは、もともとはイギリスの功利主義の哲学者ジェレミー・ベンサムが考案した監獄のシステム（「一望監視施設」）である。

それは、「すべて（pan）」と「見る（opticon）」から造られた言葉だ。フーコーによれば、〈パノプティコン〉は、塔のてっぺんからそれを囲んで円形に配置された囚人用監房を監視するという建築プランで、逆光になっているので相手に見られることなく、中央から一切の状態や動きを監督できる。多くの囚人が常に監視されているのに、監視する人は不可視となる点に特徴がある。

そのため、囚人は「監視されている」という意識を内面化して、規律正しい生活をするように、いわば訓練されるのだ。フーコーはこうした〈パノプティコン〉に代表されるシステムを、監獄だけでなく、学校、工場、軍隊、病院など、近代社会のいたるところで見出し、そこで働く権力を「規律・訓練型権力」と呼んだ。

しかしながら、こうした「監視」によって「規律・訓練」を強制する社会が、はたして今日でも続いているのだろうか。たしかに、町のいたるところに監視カメラが設置され、住民の行動が絶えずチェックされている。建物の中や、さまざまな居住地、あるいは学校や店舗でさえ、監視カメラが作動している。

　もちろん、監視のツールはカメラだけではない。電子メールや、インターネット検索、オンラインショッピングなども、監視の対象といえる。そのため、アメリカの歴史学者マーク・ポスターはフーコーを現代風に読みかえて、〈スーパー・パノプティコン〉という概念を提唱した。[※1]

　現在の「コミュニケーションの流通」やそれが作り出すデータベースは、一種の〈スーパー・パノプティコン〉を構築している。それは壁や窓や塔や看守のいない監視のシステ

スーパー・パノプティコン

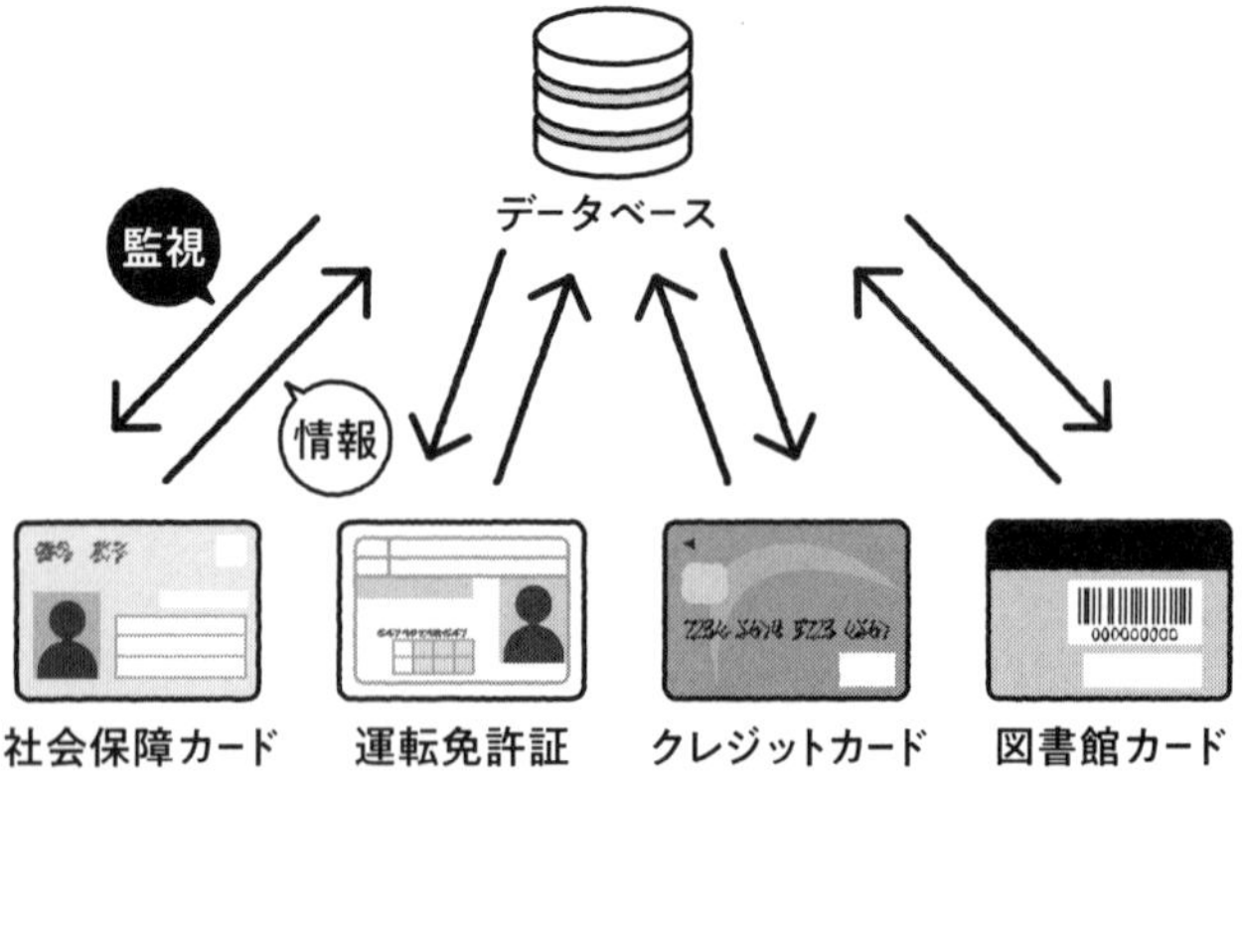

ムである。（中略）社会保障カード、運転免許証、クレジットカード、図書館カードのようなものを個人は利用し、つねに用意し、使いつづけなくてはならない。これらの取引は記録され、データベースにコード化され加えられる。（中略）諸個人は、情報の源泉であると同時に、情報の記録者でもあるのだ。ホーム・ネットワーキングはこの現象の最適化された頂点を作り出す。

フーコーが描いた近代社会とは違って、現代社会では監視にしてもアナログ的ではなく、デジタル技術にもとづいている。それでも、原理的にはフーコーの「監視」の延長線上にある、ということで〈スーパー・パノプティコン〉と名づけられている。

しかし、現代のデジタル技術にもとづく監視を、はたしてフーコーのパノプティコン・モデルで理解してもいいのだろうか。

パノプティコン・モデルの終焉

ここで注目したいのが、社会学者ジークムント・バウマンが『リキッド・モダニティ』で表明した、次のような指摘である。[※2]

ミシェル・フーコーはジェレミー・ベンサムのパノプティコンを、近代的権力の究極の比喩としてもちいた。（中略）近代史の現段階の形容の仕方には色々あるだろうが、現在は、たぶん、何よりもポスト・パノプティコン時代だと言える。

バウマンがこう語ったとき、彼の念頭にあったのは、フランスの哲学者ジル・ドゥルーズが提示した「コントロール社会」であった。ドゥルーズは、『記号と事件』のなかで、「パノプティコン」モデルの「規律社会」と対比しつつ、「コントロール社会」を次のように規定したのである。[※3]

私たちが「コントロール社会」の時代にさしかかったことはたしかで、いまの社会は厳密な意味で規律型とは呼べないものになりました。フーコーはふつう、規律社会とその中心的な技術である監禁（病院と監獄だけでなく、学校、工場、兵舎も含まれる）にいどんだ思想家だと思われています。しかし、じつをいうとフーコーは、規律社会とは私たちにとって過去のものになりつつある社会であり、もはや私たちの姿を映していないということを明らかにした先駆者のひとりなのです。

ドゥルーズによると、フーコーが分析した「規律社会」は、「20世紀の初頭にその頂点に達」し、「第二次世界大戦後に壊滅の時代を迎える」。こうして、「規律社会にとってかわろうとしているのがコントロール社会にほかならない」。では、この二つは、いったいどう違うのだろうか。

まず確認しておくことは、「コントロール社会」では、個々人が外部から強制されないことだ。個人は、自分の意志にしたがって自由に行動している。ここでは、パノプティコンのように、一定の場所に「監禁」されることもなければ、「監視」によって規律・訓練が強制されることもない。たとえば、デパートの消費者を考えてみよう。そこには「防犯カメラ」が設置されているが、ほとんどの客はそれを意識することはないし、その視線が消費者の規律を形成することもない。

そもそも、「防犯カメラ」は犯罪予防のためにあるだけではなく、もっと積極的な使い方があるだろう。たとえば、「マーケティング・リサーチ」のために使うのも、その一つである。フロアのなかで、客の動きを見ながら商品のレイアウトを検討したり、あるいは消費者のニーズなどを探ったりすることができる。こうした手法は、消費者に規律を与えるのではなく、むしろ彼らの自由を前提したうえで、彼らの行動をどうコントロールするか、考えるわけだ。

こうした「コントロール社会」で活用されるのが、「情報機器とコンピュータ」にほかならない。個々人は、自由な行動の瞬間ごとに、チェックされ記録されていく。そのデータが、自動的に蓄積されていくのである。では、このとき、個々人にどんな変化が生じるのだろうか。

分人とビッグデータ

それはある意味で、「個人」の解体と表現できるかもしれない。もともと、「個人」という言葉は「分割不可能」という意味だったが、「コントロール社会」では不可分だったはずの「個人」がその都度ごとに細分され、その情報が記録されていくのである。こうして、「個人」は「分人」となる。※4

コントロールの計数型言語は数字でできており、その数字が表しているのは、情報へのアクセスか、アクセスの拒絶である。いま目の前にあるのは、もはや群れと個人の対ではない。分割不可能だった個人（individus）は分割によってその性質を変化させる可分性（dividuels）となり、群れのほうもサンプルかデータ、あるいはマーケットか「データバンク」に化けてしまう。

個々人は、断片的な情報にまで分割（「分人化」）され、それらがたえず記録されていく。

カードで買い物をし、カーナビを使って車で移動し、パスモで電車にのり、グーグルでネットサーフィンを行ない、ツイッターで発信し、メールで商談をする――このそれぞれの行動（「分人」のデータ）は、逐一登録されていくのだが、そのとき私たちには「監視されている」という意識はないだろう。

ところで、こうしたドゥルーズの「コントロール社会」論を見て、近ごろ話題になっている「ビッグデータ」のことを連想する人も多いのではないだろうか。たとえば、グーグルやフェイスブックは、個々人がウェブサービスを利用することで生み出す、膨大な情報を蓄積し、それを基盤として莫大な利益を上げている。また、アマゾンや楽天も、会員データや購買履歴、サイト内での顧客の動きなどの情報を蓄積して、企業活動に役立てている。こうしたネット企業だけでなく、デパートや個々の店舗でさえ、消費者の情報は最も重要なものと言えるだろう。

どの企業も、消費者の動向を無視して商売できず、「ビッグデータ」を分析して、仕事に結びつけようとする。もし手元になければ、他から買い取ることも必要になる。

パノプティコンからモノプティコンへ

ドゥルーズは、「規律社会」から「コントロール社会」への移行を語るとき、「パノプティコン」に代わるモデルを提示していない。では、現代のデジタル・ネットワーク技術にもとづいた社会を、どう命名したらいいのだろうか。マーク・ポスターのように「スーパー・パノプティコン」と呼べば、「コントロール社会」の特質が明確にならない。

そこで私は、現代社会の新たなモデルとして、「モノプティコン」を提唱したい。ここで「モノ」というのは、日本語の「モノ（物）」と「単一」を表す「mono」を兼ねた言葉である。「モノプティコン（monopticon）」とは、もはや人が監視するのではなく、デジタル情報機器（モノ）によって自動的に監視され、記録され、登録されることを示している。こうして収集された情報は、ビッグデータとして利用されたり、データベース化されたりする。それは、デジタル情報であるため、統合や単一化（mono）が容易になるのだ。

パノプティコンでは、人々は一定の場所に集められ、そこで監視される（監視を意識する）ことで規律が形成された。ところが、現代のコントロール社会では、監視は「モノ（機械）」によって自動化され、人々は監視の意識が希薄となる。ところが、収集される情報そのものは、昔とは比較できないほど膨大で、人々のコントロールはいつでもどこでも可能なのである。

とすれば、現代のコントロール社会で、そこからいかに逃走するかは、重大な問題であろう。「コントロール社会」のイメージを作り上げていたとき、ドゥルーズは「抵抗する能力はどれだけのものか、あるいは逆にコントロールへの服従はどのようなものなのか」を問うていた。そこで、彼の記述を使いながら、一つの思考実験を提起することにしたい。

思考実験　コントロール社会への抵抗はいかにして可能か？

「保護区内の動物や（エレクトロニクスの首輪をつけた）企業内の人間など、開かれた環境における成員の位置を各瞬間ごとに知らせるコントロールのメカニズムを思い描くのに、SFは必要ではない」。次のように想像してみよう。「決められた障壁を解除するエレクトロニクスのカード（可分性）によって、各人が自分のマンションを離れ、自分の住んでいる通りや街区を離れることができる町である。しかし決まった時間帯には、同じカードが拒絶されることもあるのだ」。こうした全世界規模で張り巡らされたコンピュータ・ネットワークのなかで、私たちには、「コントロール社会に対抗する新たな抵抗の形態に順応したり、新たな抵抗を成り立たせたりする余力があるのだろうか」。

ドゥルーズは、遺書のような形で私たちに問いかけている。この問いにどう応答するかによって、未来の状況が大きく変わるに違いない。

※1 M. Poster, *The Mode of Information*, 1990.（マーク・ポスター『情報様式論』〔室井尚・吉岡洋訳、岩波書店、1991年〕）

※2 ジークムント・バウマン『リキッド・モダニティ』（森田典正訳、大月書店、2001年）

※3 G. Deleuze, *Pourparlers: 1972-1990*, 1990.（ジル・ドゥルーズ『記号と事件』〔宮林寛訳、河出書房新社、2007年〕）

※4 「分人」という訳語については、平野啓一郎『私とは何か』（講談社、2012年）

第3節

モノは学習し、反逆する!?

コントロール社会を考えるために、前節では「モノプティコン」という概念を提唱した。これは言うまでもなく、ミシェル・フーコーの「パノプティコン」に因《ちな》んで、ややパロディー気味に使ったものだ。現代社会では、監視は人間によって行なわれるのではなく、モノが自動的に実施している。しかし、その点は認めたとしても、最終的には人間による監視へ移行するのではないだろうか。コンピュータがチェックし、問題のある人物を炙《あぶ》り出した後は、けっきょく人間が個々の事例に対応しなくてはならない。

そのかぎりでは、「モノプティコン」は機械が自動的に監視しているように見えながら、本質的には人間による監視と異なるわけではない。手段として何を使うかの違いであって、「人間が人間を監視する」という点では、根本的な変化ではない。そこで本節では、もう少し歩みを進め、機械そのものが最終的に、人間をコントロールする可能性を考えてみたい。

味方を攻撃するロボット兵士！

2007年、自動制御された軍事兵器が予想外の結果を引き起こした。南アフリカ共和国で自動的に標的（敵）を追跡する対空砲が設置されたのだが、なんとこれが味方に向かって発砲し、20名以上の兵士が死傷（9名死亡、十数名が重傷）したのである。[※1]

記事によれば、「この兵器は、能動レーダーと受動レーダー、および照準器を使用して、『高速で低空飛行する飛行機、ヘリコプター、無人航空機、および巡航ミサイル』を自動追尾する能力を持」っていた。しかも、「自動モード」にすると、「標的のデータを、射撃制御部から2組の35ミリ砲に直接送るとともに、弾倉が空になると自動で再装填を行なう」そうだ。何から何まで、自動的に敵を攻撃できることになっていた。それにもかかわらず、こともあろうに味方を攻撃し始めたのだから、皮肉な「事故」と言うべきであろう。

こうした事例は、南アフリカだけに限定されるわけではない。同じ時期、イラクにアメリカ軍が武装ロボット「SWORDS」を実戦配備しようとしたが、やはり味方に「銃を向け」るという動きを見せたため、わずか11時間で撤収したのである。そのため、実際的な被害はなかったものの、自動制御された兵器が、想定外の行動をとって、味方に対して攻撃を加える、という可能性が明らかになったのだ。

問題は、これがどうして起こったのか、その原因であろう。南アフリカの事故では、何よりも機械的なシステム障害が想定されるが、それでも、「純粋に機械的な故障によるものとは信じがたい」とも言われている。ハッキングなど、テロリストによる情報戦争かもしれないが、はっきりしたことは不明である。

ここでは、そうした事故の原因をあれこれ考えるのではなく、この事例から想像できる思考実験を考えてみよう。

思考実験❶ 武装ロボットの反乱?

ある国では、戦争や紛争に際して人間のかわりに働く、自律型の武装ロボットが作製された。あらかじめ、敵と味方の区別が教えられ、具体的な状況で学習することになった。敵に対しては激しく攻撃し、味方に対しては援助するよう訓練が施された。実際の訓練が終わった後で、戦地で配備して使おうとしたところ、その兵器は味方に向かって発砲したのである。そのため、武装ロボットを調査して、その原因を調べたが、システム的な障害がどこにも見つからなかった。このとき、武装ロボットが味方に攻撃したのは、どう考えたらいいのだろうか。ロボットは、味方を敵と見なして、攻撃したように見える。あらかじめ教えたことに反抗することが、ロボットには可能なのだろうか。

このときポイントとなるのは、武装ロボットが意志を持って反抗したかどうか、ではない。むしろ留意すべきは、反抗と見なせるような行動を、武装ロボットがなしうる可能性である。もともとは、敵を攻撃するようにプログラムされたロボットが、みずから学習すること（機械学習）で、当初の予想を裏切るような行動をするかもしれない——これがまさに、可能になったのではないだろうか。

機械が「学習」する？

この問題を考えるために、近ごろ人工知能の分野で話題となっている「機械学習」に注目してみよう。たとえば、アマゾンなどで本を注文したり、検索したりすると、いつの間にか興味や関心が分析され、やがておススメの本をメールで紹介してくれる。それを見て、おススメの本を買うことも少なからずある。あたかも、私の注文履歴や、検索履歴を誰かが見て、そこから私の興味関心を判断して、私にメールを出してくれているように思えるのだ。

ところが、そんな人が誰もいないのは、いまさらいうまでもないだろう。私の購入履歴や検索履歴から、コンピュータがみずから学習して、その傾向を判断するわけである。そして、それに応じて、自動的に「おススメの本」のメールを送信するのだ。ここには、機械が何をどう学ぶかに関して、人間は介入していない。

　あるいは、パソコンで文字を打つ場合を考えてもいい。ひらがなで入力した後、漢字に変換するとき、最初の頃は、いくつかの変換の候補が示される。たとえば、「のうのけんきゅう」と打ち込むと、「脳の研究」と出てきたり、「能の研究」と出てきたりするかもしれない。私がいつも使っている言葉が「脳」だとすれば、変換の候補はいつも「脳の研究」になるだろう。私の変換の傾向をコンピュータが学習して、自動的に判断するのである。

　そこで、機械学習の一種で、最近とみに脚光を浴びている「ディープラーニング（深層学習）」の原理を考えてみたい。人間の脳には、無数の神経細胞（ニューロン）が存在し、それらの結合によって情報が伝達される。そのしくみを人工的にモデル化したのが、ニューラルネットワークと呼ばれている。

「ディープラーニング」は、このニューラルネットワークを多層化することで、機械学習の能力を向上させたものである。データの入力層と出力層の間に、中間層が何層にもわたって設定されるのだ。

　この学習で注目したいのは、中間層がいわばブラックボックスになっていて、入力されたデータから正しいデータが出力されても、その中間でどのような結びつきになっているか、必ずしも明らかにはならないことだ。極端に言えば、答えは正しいけれど、どうしてその答えに達したのか、外からは分からない。

データ（ビッグデータ）をたくさん与えてやると、そこから機械がみずから学習して、正しい答えを出すわけである。もちろん、間違った答えが出ると、修正を加えて学習をさせるが、このときでも、人間がプログラムを作るわけではない。

こうして、「機械が学習する」という意味が、おぼろげながら分かってくるのではないだろうか。機械は与えられたデータの中から、みずから最適解を導き出すが、この点では、機械も人間も変わりはない。

社会インフラを支配する機械

ところで、人間は機械と社会の関係について、いったい何を考えればいいのだろうか。武装ロ

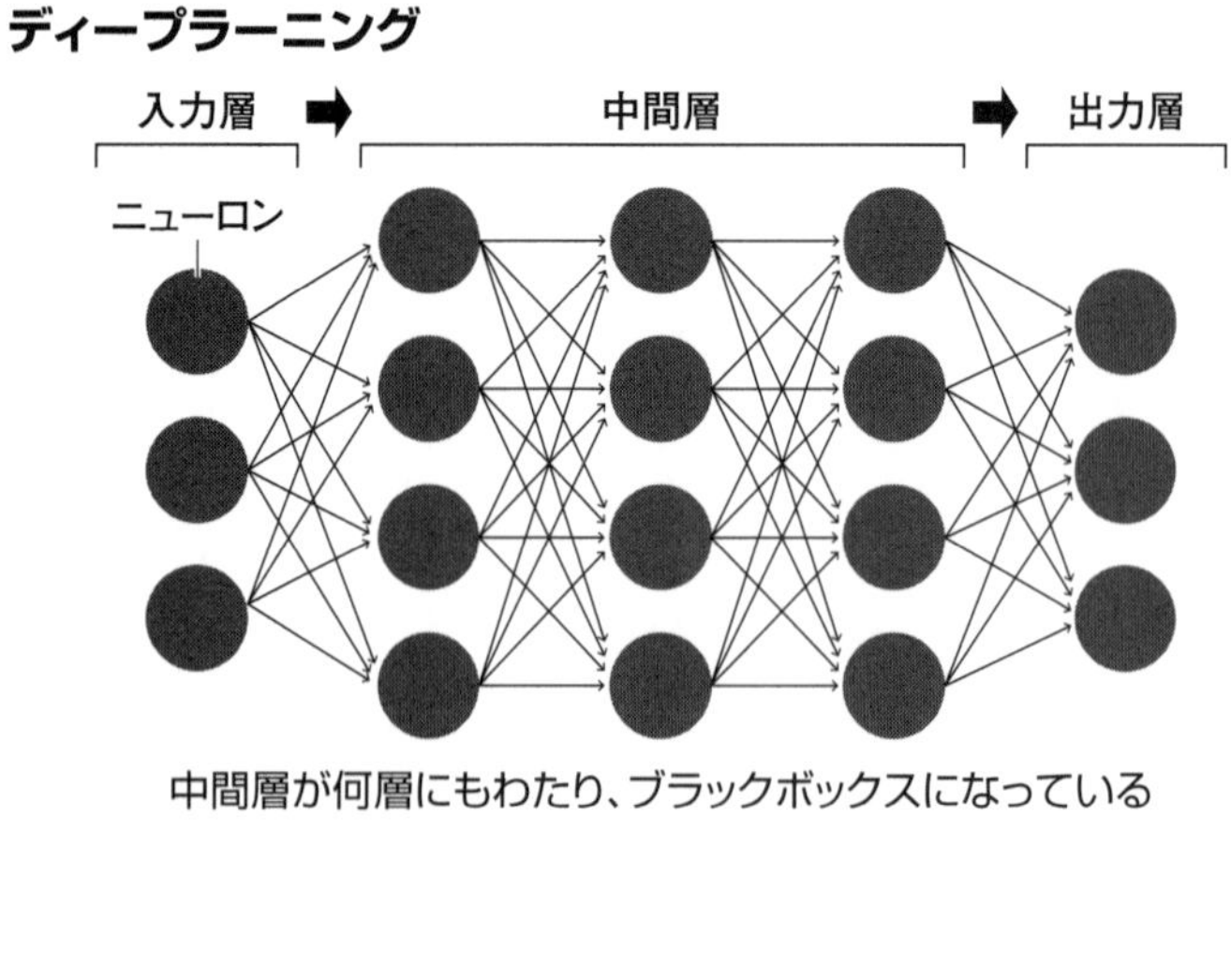

中間層が何層にもわたり、ブラックボックスになっている

ボットの場合は、おそらく特殊な事例であり、そこで一部の機械が暴走しても、社会全体への影響は限られたものだ。しかし、人工知能が導入されるのは、もっと基本的な人間生活にかかわる領域である。たとえば、次のような記述を読んでみよう。※2

少し前まで、銀行業務、医療、輸送、基幹インフラ、自動車には、AIは組み込まれていなかった。だが今日、もしこれらの産業から突然AIがなくなったら、ローンを借りることもできないし、電気も使えないし、車も動かないし、鉄道や地下鉄もほぼ止まってしまうだろう。製薬会社は立ち行かなくなるし、水道は枯れるし、旅客機は墜落するだろう。それらのAIシステムはいつ組み込まれたのだろうか？　ここ30年、いわゆるAIの冬のあいだにだ。AIに関する初期の楽観的すぎる予測が外れたのちに、投資家の信頼が長期的に下がっていった時代である。しかし本当の冬ではなかった。「人工知能」という汚名を避けるために、もっと専門的な、機械学習、知的エージェント、確率的推論、先進的ニューラルネットワークといった名前が使われたのだ。

どこかの空港でシステム障害が起こったときどうなるか、すでに多くの人は経験している。予定した飛行機に乗れないだけでなく、空港全体が閉鎖されることさえある。さらに、その影響は、他の空港にまで及び、全国的な航空網がマヒすることになる。これが、鉄道や地下鉄であったら、もっと大きな被害が出るだろう。さらには、電気やガス、水道が止まってしまえば、基本的生活さえ営むことが不可能になる。

ここで注意しておきたいのは、人工知能を考えるとき、単体としてのスタンドアローン型と、インターネットに結ばれたネットワーク型の区別である。現代では、ＩｏＴ（モノのインターネット）が発達し、モノ同士が直接コミュニケーションできるようになったので、ネットワーク型の人工知能がますます重要になっている。これが、社会インフラを形成しているからだ。

システム障害、ハッキング、あるいは……

はたして、社会インフラを形成しているネットワーク型の人工知能は、暴走しないのだろうか。もちろん、機械であるかぎり、システム障害を起こすことはすでに実証済みだ。また、外部から、ハッキングされ、乗っ取られてしまうこともあるかもしれない。とはいえ、これはあくまでも攻撃を仕掛ける人間を前提にしている。

しかし、「武装ロボットの反乱」が示唆するのは、機械そのものが学習して人間に対して攻撃を仕掛ける可能性ではないだろうか。人工知能が、与えられたデータから機械学習して最適解を出すとき、人間にいつもフレンドリーとは限らない。

たとえば、2016年にマイクロソフトが開発したAIチャットボット(Tay)は、予想に反して人種差別的メッセージを発するようになって、早々と停止されている。こうした状況を踏まえると、次のような思考実験を考えることができるだろう。※3

思考実験❷ ネットワークに結ばれた人工知能の反乱?

すでに、金融システムやエネルギー、水、輸送といった公共インフラは、コンピュータによって支えられている。病院や自動車や家電のなかにもコンピュータはある。そうしたコンピュータの多くは、ウォール街で株式売買アルゴリズムを走らせているコンピュータのように、人間の導きがなくても自律的に作動する。コンピュータが労力を節約し、娯楽をもたらしてくれると、人々はコンピュータへ依存するようになる。その依存度は日に日に増している。いまのところは何の問題もない。

しかし、人工知能はコンピュータに命を与え、別物へ変えてしまう。機械が我々に代わって決定を下すのが避けられないとしたら、機械はいつそのパワーを獲得して我々を服従させるのか? どのようにして、そしてどのくらいのスピードで支配権を奪うのか?

イラクで「武装ロボット」が奇妙な動きを見せたとき、アメリカ軍はその配備を即座に中止した。しかし、社会インフラを形成する人工知能が、奇妙な作動をしたとき、それを直ちに中止できるのだろうか。そろそろ、こうした事態を想定しておく時期にきている。

※1　W. Wallach & C. Allen, *Moral Machines: Teaching Robots Right from Wrong*, 2010.
※2　ジェイムズ・バラット『人工知能』（水谷淳訳、ダイヤモンド社、2015年）
※3　同書

まとめ

1. バイオサイエンスやニューロサイエンスでは、人間のDNAの構造や脳のはたらきが研究されるが、最終的にはその研究と人間の現象形態や行動、心のあり方との対応関係が確定されなくてはならない。そのためには、多くの人々の情報を収集し、その人たちの対応関係を調べなくてはならない。こうして、バイオサイエンスやニューロサイエンスは、コントロール社会を要請する。

2. フーコーは近代社会についてパノプティコン（一望監視施設）をモデルにして「規律訓練社会」と理解したが、ドゥルーズは現代においてこのモデルが過去のものとなり、それに代わってコントロール社会（管理社会）が出現していると捉えた。現代の管理社会では、個人の情報は細分化され、さまざまなところでデータとして登録され、個人は分人となる。

3. 現代において、人間に対する監視技術がますます自動化され、AIによって機械化されていくと、やがて人間の生活全体がネットワーク化されたAIによって管理支配されていくようになる。そしてやがて、AIが人間に対して暴走したり、攻撃を加えるようになるかもしれない。

第4章
格差をどうするか

1970年代、戦後の高度経済成長の結果、幅広い中間層が形成されて、国民には「一億総中流」意識が抱かれていた。ところが、21世紀になる頃は、「格差社会」が時代のキーワードとなったのである。しかも、この傾向はとどまるどころか、いっそう激しくなっているように見える。

もちろん、「一億総中流」といった意識が、単なる幻想にすぎず、じっさいには不平等が見えなかったにすぎない、とも言える。しかし、今日では、たとえ幻想であったとしても、そうした「一億総中流」という意識からほど遠くなっている。現代社会の格差は、幻想としてすら、「中流意識」を不可能にしているのだ。そこで、この章では、現代社会で進行している経済的格差ないし不平等を問題にしたい。

一般的に言って、格差に関する議論は取り扱いが難しい。社会における格差拡大を指摘したり、批判したりするのは、しばしば好意的に受容される。けれども、問題となるのはその後であろう。現実にどう対処すべきかを論じ始めると、雲行きが怪しくなるのだ。

そこで、最初にアメリカの生態学者ギャレット・ハーディンの議論を取り上げることにしよう。というのも、これは提唱されるとすぐに、社会的に激しい非難を浴びることになったからである。しかし、非難するのは簡単だが、彼の提起した問いに答えるのは、それほど易しくはない。

そこで、格差に対してどのような解決法があるのか、基本的な場面に立ちもどって探ることにしよう。後半の二つの節では、平等性を原理とするリベラリズムの議論を取り上げ、格差に対する処方箋を検討することにしたい。

第1節

格差の何が問題なのか

「救命ボート」の思考実験

1974年、世界的に環境問題が指摘され、その重大性が少しずつ理解されるようになった頃、アメリカの生態学者ギャレット・ハーディンは「救命ボートの倫理：貧者救済に反対する理由」というショッキングな論文を発表している。※

ハーディンと言えば、それに先立つ1968年に「サイエンス」誌上で「共有地の悲劇」という論文を発表し、侃々諤々《かんかんがくがく》の論争を巻き起こしていた。その彼が、今回取り上げる論文で再び大胆な主張を打ち出したのだ。彼が提出したのは、次のような思考実験だった。

思考実験❶ 救命ボートの倫理

私たち（50名）は今、救命ボートに乗っている。全体の収容能力（キャパシティ）が60名なので、あと10名は収容できるが、そうすれば「安全因子（safety factor）」を失うことになる。さて、私たち50名は、海で泳いでいる100名の人々が「ボートに乗せてくれ、そうでなければ何かくれ」と叫んでいるのを見ている。さて、この状況で、救命ボートに乗っている私たちは、どうすべきだろうか。

この思考実験で、ハーディンは三つの選択可能な答えを用意している。

① 全員を乗せて、150人になる（その結果、救命ボートは沈み、全員亡くなる）。
② 10人だけ乗せる（60人生存する可能性はあるが、安全因子を無視するので、危険な状況となる）。
③ 1人も乗せない（その結果、海の100人は死亡するが、安全因子を確保しているので、50人は生存する）。

なんとも究極的な選択で、答えるのが難しいように見える。しかしながら、原理的な問題を考えるには、むしろ最適かもしれない。この問いに、ハーディンはどう答えたのだろうか。

　ハーディンが出した答えは③「誰もこれ以上救済しない」という選択である。だが、一見したところ、これは極めて冷酷かつ非情な選択のように思われるのではないか。じっさい、そのため、ハーディンは厳しく非難されたのだが、彼の確信は揺るぎなかった。どうして③が選択されるのだろうか。あるいは逆に言えば、①や②が選択されない理由は何だろうか。

救済に反対する理由

　まず、①「全員を乗せる」という選択を考えてみよう。もしかしたら、この選択が最も人道的で、望ましい行動のように見えるかもしれない。しかし、これを選択すれば、その結果がどうなるか、考えなくてはならない。

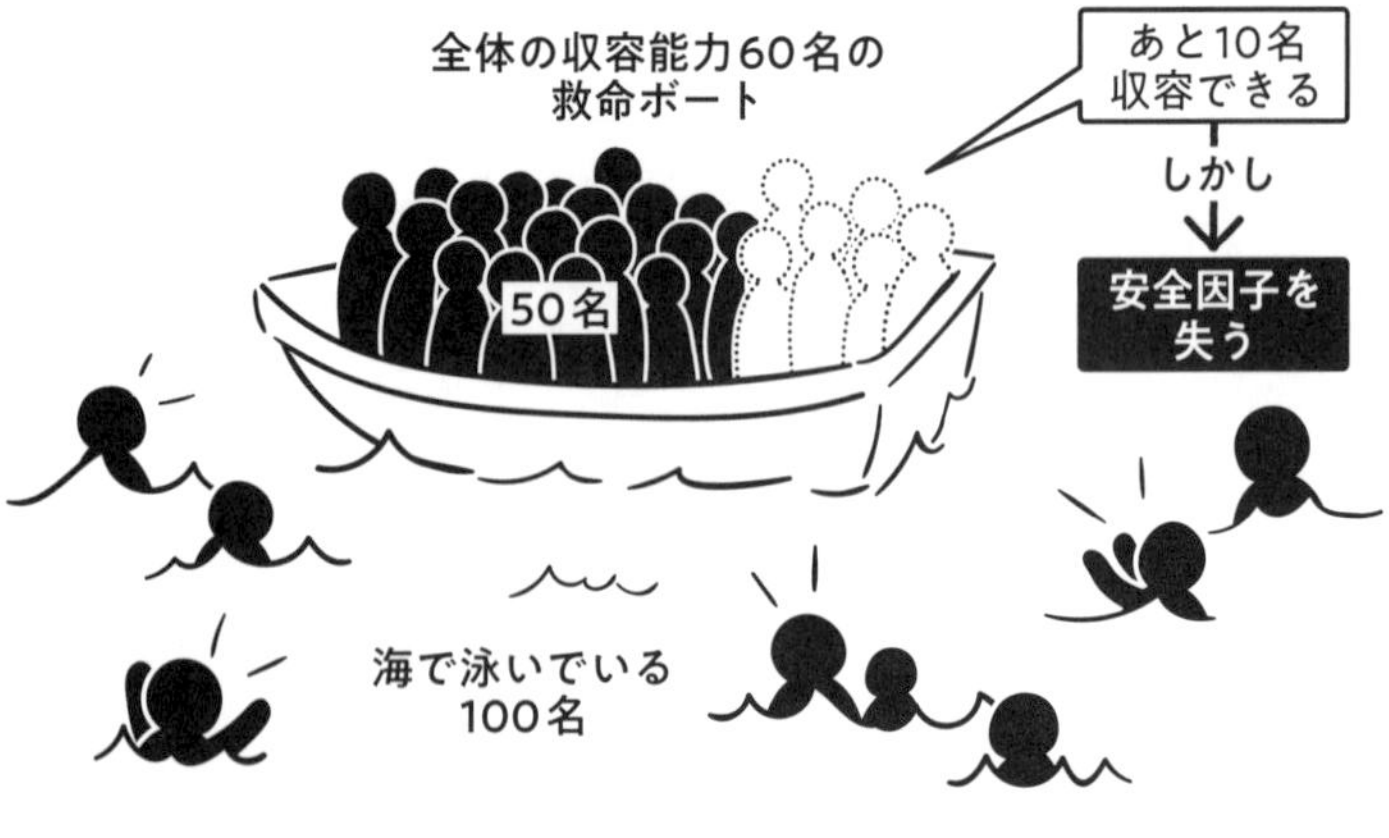

おそらく、すでに溺《おぼ》れている100人どころか、乗船している50人さえも溺れさせることになるはずだ。こうなってしまえば、生命を救済するという救命ボートの役割そのものが、まったく無意味になるのではないだろうか。これは「正義」を行なうように見えながら、じっさいには「カタストロフィー」を引き起こすにすぎない。

では、②「10人だけ乗せる」という選択はどうだろうか。定員が50名で、今は50名乗船しているので、この選択はきわめて合理的に見えるかもしれない。可能性の範囲内で、できるだけ多くの人数を救済することは、功利主義的に考えても正しいのではないだろうか。

ところが、ハーディンは「安全因子」が無くなるまで乗船させることに、きっぱりと反対している。というのも、安全因子を取り払えば、「早晩、高い償いをすることになる」からだ。わずかな状況の変化でも、うまく対処できず、結果として乗船している者も全員、死亡する可能性がある。

しかも、問題はそれだけではない。じっさいに10人だけ乗船させるとすると、「いったい誰を乗せ、誰を乗せないか」選抜が難しくなるのだ。たとえば、弱者が優先されるべきだろうか。そのときには、子どもや女性、老人からになる。しかし、緊急事態では、そんなことは不可能である。現実的にはむしろ、早いもの順にならざるをえない。しかし、そのさい10名ではなく11名、あるいは12名がどさくさに紛れて乗ってきたら、どうすればいいのだろうか。こう考えると、この選択もあまり有効とは言えないのである。

こうして、ハーディンは、③の選択のみが可能な行動だと結論する。これは、言うまでもなく、「海に放り出され溺れている100人を見殺しにする」ことに等しい。そのため、きわめて非情な選択に見えるかもしれないが、さりとて、それを否定したり、批判したりすることも簡単ではない。ハーディンは、次のように述べている。

この最後の選択が明らかに私たちが生存する手段としては唯一のものであるが、道徳的には多くの人に忌み嫌われる。ある人は、「自分たちが幸運であるのをやましく感じる」と言う。私の答えは簡単だ。「船外に出て、自分の立場を他の人に譲りなさい」。このような滅私の行動は罪悪感に取りつかれた人の良心を満足させるだろうが、救命ボートの倫理を変えることはない。

もし罪悪感に取りつかれた人が船外に飛び出せば、罪悪感など持っていない人が乗船してくるだけである。こうして結果としては何も変わらず、むしろ「救命ボートから良心が消失していく」わけである。

経済格差への読みかえ

ところで、ハーディンはこの思考実験で、いったい何を主張したかったのだろうか。救命ボートの比喩は、何のために使われたのだろうか。

ハーディンがもともとこの事例を提出したのは、人口増加によって発生する発展途上国での飢餓問題に対して、先進国はどんな態度をとるべきかを議論するためだった。この文脈で考えると、救命ボートに乗っている50名はアメリカなどの先進国の人々であり、海に投げ出された100名は、飢餓におびえる発展途上国の人たちである。端的に言えば、裕福な先進国は、貧しい発展途上国を救済する必要があるのか――こう問われている。

しかしながら、この事例は人口・食糧問題だけに限定されるわけではない。たとえば、現在アメリカのトランプ大統領が推進している「アメリカ・ファースト」などは、この典型的な練習問題と言えるかもしれない。その他、さまざまな問題に応用できるが、ここでは国家間の経済援助でなく、国家内における貧者救済の問題として考えてみたい。

というのも、ここで問われているのが、「稀少性《きしょうせい》」をめぐる配分の問題であるからだ。関係する人数が150人であるのに対して、利用可能なリソースが50人（安全因子までと10人）分しかないのであるから、そのリソースをどう分配するか、問われている。利用可能なリソースが初めから150人分あれば、何も問題は起きない。全員を救済できないから、関係する人々の間で格差が生じ、その解決策が求められるわけである。

そこで、ハーディンの「救命ボート」問題を、一国内での経済的な格差の問題として考え直すと、次のような思考実験が想定できる。

思考実験❷ 富裕層は貧困層に経済援助すべきか？

ある国では、50人の富裕層と100人の貧困層が生活している。富裕層は、生活を楽しむための十分な所得があり、将来に対する経済的な不安もない。これに対して、貧困層は、生存条件ぎりぎりの生活をしており、病気やけがなど不測の事態が起きると、生活が破綻してしまう。

こうした状況で、経済的な不況が訪れ、貧困層の多くが危機的な状況に陥っている。そのため政府は貧困層の救済に立ち上がり、次のような提案をする。

① 貧困層を救済するため、政府は富裕層から資産を取り上げ、それを貧困層に分配し、全員同じ所得にしてしまう。

② 貧困層のうち10人だけ救済するが、残りの90人は救済せず、そのまま放置する。救済のための資金は、富裕層から徴収する。

③ 特別な救済策は行なわない。

こうした問題設定は、もしかしたら単純すぎて、現実問題を考えるには適切ではないかもしれない。二つの層だけに分けるのは、救命ボートのときは適切でも、社会の所得分布の場合には工夫が必要だ。そこで、今度は、三つの層（富裕層、中間層、貧困層）に分けて、考えてみることにしよう。

経済的格差があってはならないのか

ここで想定したいのは、10の所得を持つ50人と、5の所得を持つ50人と、3の所得を持つ50人である。そして、人間が生活するための生存条件は、最低の所得の人々と同じで「3」としておこう。

次に、思考実験として、所得の再分配をどう行なうか考えてみたい。

思考実験❸ 所得の再分配はどうすべきか？

現状の所得に対して、次のような再分配の案が提案された。

① 全員の所得を均一にしてしまう。すなわち、全員（150人）6の所得にしてしまう。

② 富裕層の所得から3を削り、その分を中間層に1、貧困層に2配分する。すなわち、富裕層（7）中間層（6）貧困層（5）となる。

③ 不況になって貧困層の一部が生存条件を下回るようになったら、そのときだけ救済

する。そのとき、資金の大部分は富裕層から徴収する。

④　特別な政策は行なわない。

さて、ハーディンの事例のように、私たちが富裕層の50人だと考えると、④の何も特別な政策は行なわない、というのが望ましい。しかし、民主的な選挙をすれば、おそらく、②が選択されるかもしれない。また、①の選択は貧困層にとっては一番望ましく、中間層には②の場合と同じだが、富裕層にとっては最悪だろう。しかし、この①の選択は、歴史的には失敗したように見える。とすれば、いったい何を選択すればいいのだろうか。また、そのときの根拠はどこにあるのだろうか。

※　G. Hardin, "Lifeboat ethics — a case against helping the poor", *Psychology Today*, September 1974.（ハーディン『地球に生きる倫理』〔松井巻之助訳、佑学社、1975年〕）

第2節

格差における「正しさ」とは

前節の問題では、「すでに乗船している人」と「海に投げ出された人」の対立が前提とされていたが、これはある意味では「運」に左右される。運よく乗船していたので助かり、運悪く海に投げ出されていたので命を落とすのだ。とすれば、経済的格差も運が大きく影響する場合には、前節と同じように、それに対処することは不可能なのだろうか。

この節では、この格差問題を「正しい（just）社会」という観点から、あらためて見直すことにしよう。いったい、どんな社会が「正しい」と言えるのだろうか。

格差と成長、どちらが重要か

まず手始めに、前節の最後の問題を、より簡略化した形で取り上げ、格差是正という観点から考え直してみよう。

思考実験❶「正しい（？）社会」の条件

Ａ、Ｂ、Ｃの３人から成る社会があり、所得はそれぞれ10、５、３であったとする。それをここでは、（Ａ、Ｂ、Ｃ）＝（10、５、３）で表す。Ａは才能が豊かであったために、仕事で成功し、所得を15に増大させたが、ＢとＣは変化がなかった。つまり、図示すると以下のようになる。

（Ａ、Ｂ、Ｃ）＝（10、５、３）

↓

（Ａ、Ｂ、Ｃ）＝（15、５、３）

では、こうした社会の変化を、どう評価すべきなのだろうか。この変化は「正しい」方向に向かったのだろうか。それとも「正しくない」ので、むしろ是正すべきだろうか。

まず、所得の総額という観点から考えると、以前は18だったのが、新たに23に増大したのだから、社会的によい方向に向かっている、と言えるだろう。ＢとＣに関しては以前と同じなので、悪い状態になったわけではない。Ａについては明らかに所得が増大したのだから、評価すべきことであろう。したがって、状態が悪くなった人が誰もおらず、むしろよい状態になった人がいるのだから、社会はよい方向に向かっていると言ってもいいのではないだろうか。

しかし、格差という点から考えると、いずれも拡大しているのである。AとBの格差は5から10へ広がり、AとCの格差は12にまで拡大したのだ。社会の「正しさ」を格差の少なさ（公平さ）という基準で考えると、社会はまさに「不正な」方向へ変化した、と言うべきであろう。こうして、社会が「正しくない」方向へと向かっているのであれば、この状態は是正される必要があるのではないだろうか。

一方の経済的な成長という側面から言えば、社会全体の所得が増えているから、社会はよい方向へ向かっている。他方の格差の拡大という側面から言えば、社会的な格差が広がり、社会は悪い方向へ向かっている。こうしたまったく反対の評価に対して、いったいどう考えたらいいのだろうか。

原因となったAの所得増大を見てみよう。もし、Aが何か不正（たとえば詐欺や盗みなど）を働いて、所得を増大させたとすれば、話は簡単である。そんな所得拡大は誰も認めない。ところが、Aは何も不正をせず、まじめに働き、自分の能力を発揮して所得を増やしたのである。この努力は、格差を拡大するという理由で、認められないのだろうか。格差が拡大することは、それだけで「不正」なことになるのだろうか。

もし、Aの所得増大が格差拡大のために「不正」ということになれば、その増大分は再配分して、BやCの所得を増やすようにすべきだろうか。たとえば、次のような配分が考えられるかもしれない。Aの増加分をBに2、Cに3配分すると、(A、B、C)=(10、7、6)となり、格差が縮小されるだけでなく、B、Cのいずれも所得が増大する。しかし、これは理にかなった政策と言えるのだろうか。

生まれつきの才能は自分のものではない？

格差問題が一見した印象よりも難しいのは、誰も不正なことを行なってはいないのに、格差が生じたり、拡大したりすることである。こうした場合、いったいどういう対応を取ればいいいか、意見が分かれるはずだ。

そのことを考えるために、才能の違う3人(A、B、C)に登場してもらうことにしよう。この3人は、出発点として同じ5の元手を持っていて、料理店を始めたとしよう。

思考実験❷ 才能の異なる3人の店

A、B、Cの3人は、それぞれ才能やセンスが違っていたので、結果として開店した店の経営が大きく異なるようになった。最初の資金は同じだったが、Aはおしゃれな店を開き、料理の腕もよかったので大きく飛躍し、所得を20にまで延ばした。Bは特に目立つような才能やセンスがないので、無難に経営を進め、所得を10にした。それに対して、Cは才能もセンスもなかったので、開店した店の評判が悪く、結局閉店せざるをえなくなり、所得も0にまでなった。つまり、3人の変化を図示すると次のようになる。

（A、B、C）＝（5、5、5）

↓

（A、B、C）＝（20、10、0）

この結果に対して、どうするのが「正しい」政策となるのだろうか。

このような事例は、きわめて単純なので、現実的にはどこまで有効なのか、疑問に思われるかもしれない。しかしながら、ほとんどの格差問題の中心に、この構造が潜んでいると言える。つまり、生まれつきの才能やセンスの違い、生まれた家族や育った環境といった偶然的な運、こうしたものから結果として大きな格差が生まれてしまうのだ。これに対して、社会はいったいどう対処したらいいのだろうか。

たとえば、リベラリズムを提唱したジョン・ロールズは『正義論』（1971年）のなかで、次のように述べている。※

生まれつき恵まれた立場におかれた人びとは誰であれ、運悪く力負けした人びとの状況を改善するという条件に基づいてのみ、自分たちの幸運から利得を得ることが許される。有利な立場に生まれ落ちた人びとは、たんに生来の才能がより優れていたというだけで、利益を得ることがあってはならない。

こうして、ロールズは「生まれつきの才能」を、「共通の資産」と見なして、当人だけのものとせず、社会で「分かち合う」べきだ、と主張する。とすれば、この事例では、次のような配分になるのだろうか。

（A、B、C）＝（20、10、0）
↓
（A、B、C）＝（12、10、8）

はたしてロールズが、具体的にこの配分を支持するかどうかは分からないが、「運悪く力負けした人びとの状況を改善する」という点では、それほど悪くないかもしれない。あるいは、Cは最初の状態に戻して、（A、B、C）＝（15、10、5）ということも考えられる。いずれにしろ、Aは自分の才能をいわば「独り占め」できないのだ。

連鎖する格差

格差を考えるとき先の例では、出発点では同じ資産として、状況を想定した。しかし、格差の核心は、むしろその連鎖にある。たとえば、偏差値の高い大学に通う子どもの家庭の所得を調べると、同じように高いことが分かっている。つまり、所得の高い家庭に生まれた子どもは、十分な教育を受け、レベルの高い学校に通うわけである。これによって、将来獲得する所得に違いが出てくるのだ。

思考実験❸ 裕福な家庭の子どもと貧しい家庭の子ども

たまたま同じ日に生まれたAとBは、家庭環境がまったく違っていた。Aの家庭は所得が高く、親も教育熱心だったので、学校外の教育も十分受け、レベルの高い学校に進学した。一方、Bの家庭は所得水準が低く、また親も忙しく、子どもの教育どころではなかった。そのため、Bは学校に行ってもあまり理解できず、そのうち学校も休みがちになった。こうして、彼らは社会に出た後、まったく違った道を歩むことになった。Aは一流の企業に勤め、収入も安定し、友人関係にも恵まれ、同じような育ちの女性と結婚し、新たな家庭を作って子ども（X）もできた。それに対して、Bはニートのような生活を送り、一時的なバイトによって、その日暮らしをしていた。周りの友人や異性も同じようなもので、そのうち、ニートの女性と同棲し、子ども（Y）ができた。さて、AとBの子どもたち（XとY）は、どのような生活を送るのだろうか。

まず確認しておきたいのは、AとBがどのような家庭に生まれ落ちるかは、まったくの偶然であり、二人に責任があるわけではないことである。ところが、いったん初期条件が設定されると、その後の成り行きは大きく変わってくる。恵まれた家庭に生まれたAは、有利な条件によって競争に勝ち残り、有利な人生を歩む。反対に、恵まれない家庭に生まれたBは、不利な条件によって競争に敗北し、不遇な生活を強いられる。これを第一代としよう。

続く第二代のXとYにおいては、こうした傾向がもっと露骨に出てくると思われる。裕福な家庭はさらに裕福に、貧しい家庭はいっそう貧しく、という具合である。もちろん、物事には例外もあるので、必ずこうなるわけではない。しかし、およその傾向として、こうしたことは否定できないだろう。まさに、豊かさと貧しさが、次の世代に連鎖していくわけである。

では、こうした一連の過程の、どこに問題があるのだろうか。AとB、あるいはXとY

が、何か不正を働いたのだろうか。もちろん、誰も不正を働いたわけではない。AやXは、自分に与えられた環境を利用し、自分たちの才能を発揮して、十分な所得を獲得するわけである。また、BやYにしても、自分たちの環境や才能からすれば、他のやり方がないと言える。結果的には格差は拡大するが、だからといってその責任が誰かにあるわけではない。

とすれば、こうして発生・拡大した格差を、そもそも是正する必要があるのだろうか。ロールズであれば、前の事例と同じ理由から、格差を是正すべきであると主張するに違いない。その根拠は、いったいどこにあるのだろうか。

それを示すために、ロールズは「無知のヴェール」という思考実験を考案した。これは、人々が現在持っている地位や資格・才能という条件をいっさい排除して考えたとき、どのような社会が「正しい」政策と言えるか、考えるものである。

当事者たちはある種の特定の事実を知らないと想定されている。第一に、自分の社会的地位、階級もしくは社会的身分を誰も知らない。また、生来の資産や才能の分配・分布における自らの運、すなわち自らの知力および体力などについて知るものはいない。また、当人の善の構想、すなわち自分の合理的な人生設計の詳細を誰も知らず、リスクを回避したがるのか楽観的なのか悲観的なのかといった、自らの心理に関する特徴すら誰も知らない。

こうした「無知のヴェール」のもとで考えるならば、先ほどの豊かさと貧しさの連鎖に対して、どう対処すればいいかは予想がつくだろう。ロールズは「最も恵まれない人々」の立場にたって、政策を決めるべきだと言う。それは当然、結果として生じた格差を是正することになるが、これは果たしてどこまで正当化できるのだろうか。

※ ジョン・ロールズ『正義論』(川本隆史・福間聡・神島裕子訳、紀伊國屋書店、2010年)以下、引用はすべて本書による。

第3節

格差原理、羨望テスト、十分主義

前節で、格差問題を考えるとき、偶然的な「運」に対して、いかなる態度を取ればいいか、その難しさを見てきた。偶然的な運とは、たとえばどのような能力をもって生まれるか、いかなる家庭で育つか、どんな自然的・社会的な出来事に遭遇するかなど、種類はさまざまである。したがって、一律に論じることはできないが、それでも「自分の選択の結果ではない」という意味で、本人には責任があるわけではない。

たとえば、肌の色や、国籍・人種・性別なども、同じように偶然的な運であり、これについては、機会の平等は保障されるだろう。しかし、それが保障されても、実質的な結果としては、平等が実現されるとは言いがたい。また、生まれによる能力の差異や自然の出来事による影響の違いなども、機会を平等にしたところで、必ずしも解消されるわけではないだろう。それにどう対処したらいいのだろうか。

この節では、3人の代表的な哲学者たちの考えを取り上げながら、格差問題の解決の方向性を探ってみたい。

「格差原理」は有効か

まず、社会哲学のなかで、格差問題にいち早く着目し、その後の議論の枠組みをつくったジョン・ロールズの「格差原理」を見ておきたい。ロールズについては、前節でも取り上げたが、主著である『正義論』[※1]の「格差論」はきわめてセンセーショナルだった。ロールズは社会的「正義」の原理として、自由と平等に関する二つの原理を提出するが、「格差原理」と呼ばれるのは第二原理の方である。この第二原理には、もう一つ、「機会均等の原理」が属しているが、ロールズらしいのは「格差原理」である。そこで、『正義論』でロールズが、この第二原理をどう定式化しているかを確認しておこう。

社会的・経済的な不平等は次の二条件を充たすように編成されなければならない——（a）そうした不平等が最も不遇な人びとの期待便益を最大に高めること、かつ（b）公正な機会の均等という条件のもとで全員に開かれている職務や地位に付随する〔ものだけに不平等をとどめるべき〕こと。

お分かりのように、（a）の方が「格差原理」であり、（b）は「機会均等の原理」である。注目すべきは、ロールズが「格差原理」を定式化するとき、「最も不遇な人びと」を念頭に置き、それ以外は想定していないことだ。そこで、思考実験として具体的に考えてみよう。

思考実験❶ 格差原理による是正はいかにすべきか?

現状　（A、B、C）＝（20、10、4）

〈最低生活水準＝5〉

↓

格差原理による是正後　（A、B、C）＝（17、10、7）

最も不遇な人々の水準をどの程度上げるかは微妙ではあるが、最低生活水準を超えるようにすべきことは間違いない。しかし、これについては、いくつかの可能性を考えてみなくてはならない。まず、最も不遇な人々が、最低生活水準と同等か、それを少し超えていた時どうすればいいだろうか。最低水準を超えているとしても、生活に余裕があるわけではないので、何かあれば、すぐさま水準以下になってしまう。とすれば、次の場合でも、やはり格差原理によって是正すべきことになる。

思考実験❷　最低水準を皆が超えているとき、どうするか？

現状　（A、B、C）＝（20、10、5）

〈最低生活水準＝5〉

↓

格差原理による是正後（A、B、C）＝（18、10、7）

ここで注目したいのは、ロールズの格差原理では、「最も不遇な人びと」以外は何も言及されていないことだ。しかし、それ以外の人々に、どうして格差原理は妥当しないのであろうか。たとえば、中間層が落ちぶれて、不遇な人々との差が縮小したらどうか。

思考実験❸　最低水準を皆が超えても、微妙な状況のときは？

現状　（A、B、C）＝（20、10、5）

〈最低生活水準＝5〉

↓

その後　（A、B、C）＝（20、7、5）

↓

格差原理は？　（A、B、C）＝（19、7、6）？

ロールズの「格差原理」に従えば、「最も不遇な人びと」の利益になるように、社会を是正すべきだから、この事例では「C」の所得のみを増大させることになるだろう。しかし、この政策では「B」と「C」の差がほとんどなくなってしまう。そうなったとき、はたして「B」はこれに満足するだろうか。

「羨望テスト」を導入せよ！

この点を見すえたうえで、ロールズとは違った平等主義を提唱するのが、アメリカの法哲学者ロナルド・ドゥウォーキンである。彼はロールズのリベラリズムの影響を受けながら、新たな平等主義的リベラリズムを提唱している。2000年に出版された『平等とは何か』[※2]のなかで、ロールズの格差原理に対して、次のように批判している。

格差原理についてしばしば指摘されてきたことは、経済的に最も恵まれない社会集団より上位の諸集団の間で分配が相互にどれほど異なっているか、という点について格差原理が十分な注意を払っていないことである。

もちろん、ドゥウォーキンとしても、最も恵まれない集団の状態を向上させれば、少なくともこの少し上にいる他の集団の状態が向上するだろう、という予想は認めている。しかしながら、「このように答えても、どんな状況であろうと何が正しいかを決定するのは本当にもっぱら最悪の状態にある集団だけであると言えるかという理論的な問題が解決されたことにはならない」のである。

たとえば、思考実験❸のような場合に、「B」の人が結果に満足するとは思えないだろう。どうして「C」のみが援助され、その結果ほとんど「B」と「C」が同じような状態になったのか、納得できないのではないだろうか。

そこで、ドゥウォーキンが提唱するのが、「羨望テスト（envy test）」と呼ばれる思考実験である。ロールズの「無知のヴェール」に対抗しながら、彼は次のような状況を想定している。

いま、船の難破で生き残った大勢の人々が、資源が豊富にあり現地人のいない無人島に漂着したと想定しよう。そして、多くの年月が経《た》たないと彼らは救出されそうもないとする。これらの移住者は次のような原則を受け容れている。すなわち、島のどの資源に対しても、他人に先立って権利を与えられている者はおらず、むしろ、これらの資源は人々の間で平等に分割されねばならない、という原則である。（中略）彼らはまた、資源の平等な分割について、私が羨望テスト（envy test）と呼ぶ次のようなテストを（少なくともさしあたっては）受け容れている。すなわち、ひとたび分割が完成したとき、移住者のうちの誰かが、自己の資源の束よりも他のある人間の資源の束を選好するようなときには、いかなる資源の分割も平等な分割とは言えない、というテストである。

この「羨望テスト」が、実際にどう行なわれるかについては、ここでは問題にしない。その詳細についてては、ドゥウォーキンの本を参照いただくことにして、いまはその基本的発想のみを確認しておこう。ドゥウォーキンが提唱した平等主義は、ロールズのように「最も恵まれない人びと」だけを対象にするのではなく、集団全体で相互に比較して、不平不満が出ないことをめざすのだ。言いかえると、すべての人が満足することが、彼の平等主義の目標である。

そこで、具体的な状況として、次のような状況を考え、最初の分配においては、全員が「資源」を平等に分けられたとしよう。ところが、さまざまな偶然が作用して、結果的に次のような状態になったとき、どうすればいいか。

思考実験❹ 羨望テストの実施

最初　（A、B、C）＝（10、10、10）

↓

その後　（A、B、C）＝（16、8、6）

↓

「羨望テスト」による是正　（A、B、C）＝（12、10、8）

重要なことは、「羨望テスト」が個人の意向を無視して、権力的に平等化が強制されるわけではないことである。むしろ、ドゥウォーキンが提唱しているのは、個々人の自由意志にもとづきながら、相互に満足する結果に導くことである。

このとき、格差の結果がすべて是正されるわけではない、という点に注意すべきである。本人たちの選択の結果生じた格差は、是正されないのである。そのため、一律の平等が実現されることはないのだ。

それでも、ドゥウォーキンの平等論が、「最も恵まれない人びと」だけでなく、その他の人々の格差をも念頭において、平等化をめざそうとしているのは間違いない。

格差は道徳的に重要ではない!?

こうした格差解消の議論に対して、真っ向から異を唱えるのが、アメリカの哲学者ハリー・フランクファートの『不平等論』[※3]である。フランクファートの議論（論文）は、もともとは1987年に発表されているが、単行本として2015年に出版されたとき、当時話題となったピケティの『21世紀の資本』にも言及している。

フランクファートは平等主義的考えに対して、いわば世間の論調を逆なでするように、次のように宣言している。

経済的平等は、それ自体としては、とくに道徳的に重要なものではない。同様に、経済的不平等（格差）も、それ自体では、道徳的に反論されるものではない。道徳の観点から見れば、誰もが同じものを持つことは重要なことではない。道徳的に重要なことは、各人が十分に持つことである。もし、誰もが十分なお金を持つならば、誰かが他の人よりも多く持つかどうかは、とくに考慮すべき関心事にはならない。

このような考えを、フランクファートは「平等主義」と対比して、「十分性の学説（十分主義)」と呼んでいる。この考えでは、誰かが他の人よりも、多く持つとか少なく持つといった比較は、問題にならない。それに対して、生活するのに十分な所得がないときは、道徳的に救済する必要がある。道徳的に重要なことは、格差ではなく「貧困」なのである。

フランクファートによれば、貧困に対しては援助すべきであるが、格差それ自体を解消する必要はない。したがって、最低生活水準以下の人がいれば、当然援助するとしても、全員がそれを超えているときは、何も是正の必要はないわけである。

思考実験❺ 最低生活水準以上の人々が、不平等であるときどうするか?

現状　(A、B、C)＝(200、10、6)

〈最低生活水準は5〉

↓

是正すべきか? 何も行なわない

この事例では、所得の多い人と、最低の人の差は30倍を超えている。だが、最低の人が十分生活していけるとすれば、とくに格差を解消する必要はない――これが、フランクファートの主張である。この考えを、どう評価したらいいのだろうか。

※1 ジョン・ロールズ『正義論』（川本隆史・福間聡・神島裕子訳、紀伊國屋書店、2010年）
※2 ロナルド・ドゥウォーキン『平等とは何か』（小林公・大江洋・高橋秀治・高橋文彦訳、木鐸社、2002年）
※3 H. G. Frankfurt, *On Inequality*, 2015.（ハリー・G・フランクファート『不平等論』（山形浩生訳、筑摩書房、2016年））

まとめ

1. ギャレット・ハーディンが提唱した「救命艇状況」というものがある。定員が60名で、50名乗船している救命艇の周りに、100人が投げ出されているとき、どうすればいいか、という状況である。ハーディンは安全因子を考慮して、誰も乗船させないという方法を最もいいと主張するが、この線に沿って不平等な社会で同じように考えることができるか。

2. 経済的な格差を是正するために、ロールズは格差原理を唱えて、最も恵まれない人々の立場にたって、社会を形成することを提案する。このとき、生まれつきの才能の違いにもこの原理を適用し、個々人の才能を共通の資産と考えて、そこから生じる利益も再分配することを主張する。

3. ロールズの格差原理に対して、同じリベラリズムにたつドゥウォーキンは「羨望テスト」を提唱して、最も恵まれない人だけでなく、社会全体で不平不満が出ないような分配を目指す。他方、フランクファートは、「十分主義」を唱えて、格差是正よりも、人々が十分生活していけるかどうかを問題にすべきだと主張する。

第 5 章

フェイク化する社会

２０１６年のアメリカの大統領選挙の頃から、「ポスト真実（Post-Truth）」という言葉が、いわば流行語のように使われ、今ではすっかり定着した感がある。この語の由来については諸説あるが、世界的な状況を表現する言葉になったのは、２０１６年以降と考えてよい。ラルフ・キーズの本のタイトルを援用すれば、現代はまさに「ポスト真実の時代」になったのである。※1

「ポスト真実」の時代となって、巷《ちまた》には「フェイク・ニュース（Fake-News）」が氾濫《はんらん》している。事実かどうかが問題ではなく、むしろ人々の感情に訴え、興味や関心を呼び起こすことが重要なのだ。極端に言えば、「ウソでもいいから、クリックしたくなる」情報こそが求められる。誰も読まない「事実」よりも、多くの人が殺到する「偽情報」の方が、メディアとしての価値は高い。

こうした「ポスト真実」に、どう向き合えばいいのだろうか。「フェイク・ニュース」を批判して「真実」を求めれば、解決するのだろうか。しかし、そもそも「フェイク」かどうか、どうやって判断すればいいのだろうか。「真実」とはいったい何なのか、これこそが問題ではないだろうか。思考実験を通して、考えてみよう。

単純に考えると、「メディア・リテラシー」を身につけ、メディアで流通している情報を「ファクト・チェック」して、フェイクとリアルを区別すればいい、と言えそうである。ところが、じっさいにやってみると、こうした作業は簡単ではないことが分かるのだ。

そもそも、「ファクト・チェック」するためには、あらかじめファクトが何であるかを知っておかなければならない。ところが、私たちは普通、ファクトがあらかじめわかっているわけではなく、情報を通してファクトを知るほかないのである。これはあたかも、エッフェル塔を実際に見たことがない人が、エッフェル塔の写真と称されるものを見て、どれがホンモノのエッフェル塔かを当てるようなものだ。

したがって、「メディア・リテラシー」にしても、フェイクニュースを見分ける方法にしても、それほど容易に獲得できるわけではない。まして、現代のように、テクノロジーが進展して、情報技術が発達すると、フェイクのための技術も飛躍的に向上する。一見しただけでは、あるいは聞いただけではホンモノそっくりのニセモノを見破ることは、とても難しい。

とすれば、「ポスト真実」の時代にどう行動すればいいのだろうか。思考実験を通して、考えてみよう。

第1節 「ポスト真実の時代」の「真実」

「フェイク・ニュース」は最近のことか

「ポスト真実」という言葉を流行させたのは、何と言ってもアメリカのトランプ大統領であろう。じっさい、彼の発信するかずかずの情報が、大手メディアによって「フェイク・ニュース」と糾弾されている。ところが、当の大統領自身も、そのメディアの方を「フェイク・ニュース」と非難するのだ。どちらが「フェイク」なのだろうか。

これを象徴する出来事が、2017年1月のトランプ大統領の就任式で起きている。この就任式を報道するとき、CNNなどの大手メディアは、2009年のオバマ大統領の就任式と比較して、今回の就任式に集まった人々がいかに少なかったかをアピールした。そのため、オバマ大統領のときと、トランプ大統領のときの写真を横に並べたのである。それを見ると、オバマ大統領のときは聴衆が満員であるのに対して、トランプ大統領のときは人々がまばらであり、とくに後ろの方は聴衆がほとんどいなかった。こうして、トランプ大統領は、オバマ大統領と比べ、あまり支持されていないことが分かる、というわけだ。

ところが、その後、CNNはトランプ大統領就任式での他の写真や動画も発表している。それによると、先ほどの印象とはまったく違って、たくさんの人々が集まっているのだ。その映像を見るかぎり、トランプの支持が少ない、という印象は受けないのである。いったい、いずれの写真が「真実」だろうか。

トランプ側からすれば、参加者の少ない写真は彼を貶《おとし》めるための「フェイク・ニュース」であり、「真実」とは言えない。しかし、大手メディアからすれば、就任式に

2017年にワシントンで行われたトランプ米大統領就任式（左）と、2009年のオバマ前大統領就任式の際の緑地帯ナショナルモールを比べた写真（ロイター＝共同）

大勢の人々が集まったというトランプ側の報道こそが「フェイク・ニュース」であり、参加者の少ない写真を見れば、「真実」は明らかなのである。互いに相手を「フェイク」と罵り、自分たちに「真実」があると主張する。

ところで、政治集会などの参加者数については、じつは昔から発表者によって数字が大きく異なることがあった。そこで、問題を明確にするため、次のような思考実験を想定してみよう。

思考実験❶デモの人数はどうやって確かめることができるか?

政府が国民の自由を奪うために、人々の日々の活動や通信などを監視できるような法案を策定した。それに対抗するため、多くの人が連日のようにデモに参加し、法律の制定に反対した。その報道がテレビや新聞、インターネットで伝えられると、ますますデモの規模が大きくなっていった。

そこで、デモの参加者数が、主催者側と、規制する警察側から発表された。それによると、国会を取り囲んでデモに参加した人は、主催者発表で20万人であった。ところが、警察発表では、なんとたったの1万5千人であった。このとき、どう判断したらいいのだろうか。

① 主催者発表が正しい

② 警察発表が正しい
③ どちらも正しくない

主催者は、デモの盛り上がりを期待して、参加者の数を膨らませて発表する。それに対して、警察側はデモの鎮静化を図って、参加者が少ないように発表したがる。とすれば、いずれも「真実」ではなく、むしろ「フェイク」と言うべきだろうか。

「フェイク・ニュース」は簡単に克服できない！

「フェイク・ニュース」を避けるため、最近強調されているのが、「ファクト・チェック（事実検証）」という活動である。ニュースで報道されるものが、事実にもとづいているかどうか検証するわけである。「フェイク・ニュース」は基本的には、事実にもとづかない「偽」の情報であるから、事実かどうか確かめれば消滅すると考えられるだろう。

しかし、事実を確認することで、はたして「フェイク・ニュース」は消滅するのだろうか。先ほどの大統領の就任式の場面をもう一度見てみよう。すでに述べたように、二つの写真では、大統領の就任式に集まった人数が、大きく異なるように見える。これは、どちらかの写真が捏造《ねつぞう》されたもので、事実にもとづかないということだろうか。

それに関する有力な説明によれば、二つの写真を撮影した時間帯が異なるらしい。つまり、人々がまばらな写真の方は、就任式の当日ではあってもまだ早朝であって、就任式開始までずいぶん時間があったようだ。それに対して、もう一つの写真は、就任式がピークに達したときで、かなりの人が集まっているのである。つまり、同じ就任式当日の写真でも、撮影する時間帯によって、人数が大きく異なるのである。

その点を踏まえて「事実」かどうかを問題にすれば、おそらくいずれも事実であって、捏造された写真とは言えないだろう。もしも、参加者の少ない他の集会での写真を使って、大統領就任式の写真と言えば、明らかに「偽（捏造）ニュース」になる。しかし、撮影された写真の人数がまばらでも、「大統領就任式当日」の写真であることは間違いない。とすれば、この写真報道は単純に「フェイク・ニュース」とは言い難いのである。

こうしたニュースはむしろ、「フェイク・ニュース」ではなく、「中立ではない偏った報道」と言うべきだろうか。しかしながら、「偏った報道」と「フェイク・ニュース」はどう違うのだろうか。

それを考えるために、次のような思考実験を作ってみよう。※2

思考実験❷ ４人の言説のうち、「真実」はどこにあるか？

４人が中心にあるもの（X）を見ているとする。それぞれの人には、自分の前方にあるものしか見えない。Aは（⊓）が見えると言い、Bは（Σ）が見えると言い、Cは（∪）が見えると言い、Dは（<）が見えると言う。このとき、「真実」を語っているのは、誰だろうか。

言うまでもなく、この4人の言説に「ファクト・チェック」を行なえば、どの人も「事実」にもとづく言明を行なっている、と見なすことができる。では、この人たちは、他の人の言説をどう判断するだろうか。

それぞれの人は、自分に見えるものだけが事実である、と考えている。同じ対象（X）を見ても、AにとってはAの見え方があり、BにとってはBの見え方がある。では、Aにとって、Bの言説はどうだろうか。Aに対して、Bが「Xは（Σ）である」と言ったとす

「真実」はどこにあるか？

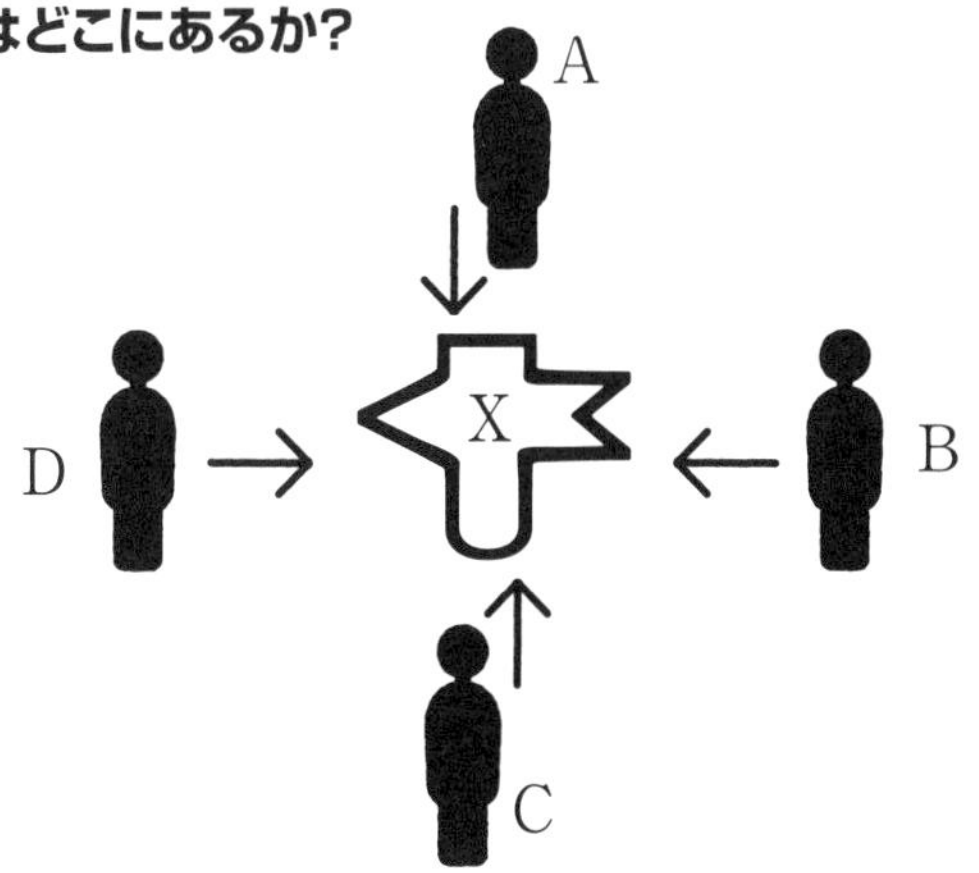

れば、Aは直ちに「間違いである」と主張するだろう。つまり、Aにとって、Bの言説は「フェイク」なのである。もちろん、これは逆の立場でも言える。BにとってAの言説は「フェイク」であろう。

では、相手から「フェイクだ！」と非難されたとき、いかなる対応が可能だろうか。これについては、メディアから「フェイク・ニュース」と批判されたときの、トランプ側の返答が参考になるかもしれない。すなわち、「代替事実（オルタナティブ・ファクト）」である。この言い回しは、一般にはあまり評判がよくないが、けっこうポイントをおさえているのではないだろうか。

AはBの言説をフェイクだと批判する。それに対して、Bは「フェイクではなく、代替事実である」と答えるわけである。何とも言い逃れのように聞こえるが、こうした論法を、はたして切り崩すことができるのだろうか。

フェイクが「真実」になる

今度は、事実にもとづかない「フェイク・ニュース」と言えそうなものを考えてみよう。というのも、一般に「ポスト真実」が語られる場合、事実にもとづかない「偽情報」が念頭に置かれているからだ。この点を考慮して、次のような思考実験を作ってみよう。

思考実験❸ テロリストによる子どもの誘拐

小学校に通う子どもの親が、次のような噂《うわさ》を聞きつけてきた。「最近、テロリストが小学生を誘拐しているらしい。ただ公的にこの情報を発表すると、社会的な混乱を招くため、秘密にされている。知り合いから聞いた話では、その人の学校でも、子どもが誘拐されたようだ」

そこで、この親は、同じ学校の父母に連絡して、子どもの集団登下校や、父母による監視をつけることを、学校に要望する。この話を聞いて、学校の校長は、「そんなことは根も葉もない噂ですよ。私も、警察に確認しましたが、そのような事実はない、と言っています」。

さて、この校長の対応を見て、父母たちは納得するだろうか?

もともと親の情報の中に、「公的には秘密にされている」ということが、前提されている。そのため、誘拐の事実について、校長がどんなに否定しても、親は納得しないだろう。むしろ、否定すれば否定するほど、むしろ余計に親の確信は深まるかもしれない（「やっぱり隠されている。本当に違いない」）。こうして、親は、他の父母と相談して、個人的な形で子どもたちの警備をするようになるかもしれない。

何も知らない他の親がこれを見たらどうだろうか。一笑に付して、「そんなこと、あるわけないだろう！　もっと、事実をちゃんと見つめて、行動すべきだ！」と言うだろうか。むしろ、雪崩を打ったように、子どもの父母たちが率先して警備するようになるかもしれない。こうして、「フェイク・ニュース」が「真実」になった事例は、歴史的にも枚挙に暇《いとま》がないほどだ。

こうした状況に、どう対処すればいいのだろうか。「ポスト真実」の根元は、意外と深いかもしれない。

※1　R. Keyes, *The Post-Truth Era: Dishonesty And Deception In Contemporary Life*, 2004.

※2　この考えは、基本的にニーチェの遠近法主義に遡ることができる。フリードリッヒ・ニーチェ『権力への意志』（原佑訳、ちくま学芸文庫、1993年）参照

第2節

「フェイク」への意志

2018年8月28日付のワシントン・ポスト紙によれば、「トランプ米大統領が6月の日米首脳会談で、安倍晋三首相に『私は真珠湾を忘れない』と述べたうえで、対日貿易赤字に強い不満を表明した」。ところが、9月1日に行なわれた安倍首相のインタビュー（産経新聞）では、ワシントン・ポストの報道は「全くの誤解」だそうである。

とすれば、ワシントン・ポストの報道は、「フェイク・ニュース」となるのだろうか。たしかに、他の情報によれば、トランプ大統領の「パール・ハーバー発言」は、「ファクト」としてどこまで信用できるか、確実ではなさそうである。

ところが、今度は、9月6日のウォールストリート・ジャーナル紙によれば、「トランプ大統領が、日本との貿易赤字を問題視し、安倍晋三首相との友好関係が『終わる』と語った」とされる。つまり、先の報道の「対日貿易赤字に強い不満」というのは、この時点でも表明されているのだ。

こうした状況を見ていると、いったい全体、「何が真実で、何がフェイクなのか」ほとんど決定することができない。

一般に「メディア・リテラシー」が強調され、「フェイク・ニュースに騙《だま》されてはいけない！」と声高に叫ばれる。しかし、一流のメディアが報道し、一国を代表する大統領や首相が発言している。そのどこに、「フェイク」があるのだろうか？　それとも、時代は総じて、「フェイク」を求めているのだろうか？

デジタル情報通信革命の時代

一流のメディアでさえも、「フェイク」かどうかが問題になるようになった。しかし、「ポスト真実」や「フェイク・ニュース」が最初に問題になり始めたのは、ツイッターやフェイスブックといったSNSのインターネット空間であった。したがって、今回着目したいのは、メディア一般のフェイク性ではなく、とくに「スマートフォン革命」によって引き起こされたメディアの変化である。

周知のように、「スマートフォン革命」が重大な役割を担った世界的な出来事として、2010年にチュニジアから始まったアラブ世界の民主化運動（通称「アラブの春」）がある。こちらが「スマートフォン革命」のポジティブな結果だとすれば、「ポスト真実」や「フェイク・ニュース」はネガティブな結果と言えるだろう。したがって、それらの意味を探るには、「スマートフォン革命」との関連で理解しなくてはならない。

そのためにまず、「フェイク・ニュース」の発端となった「ピザゲート事件」（米大統領選挙期間中に広まったデマで、ヒラリー・クリントン候補陣営の関係者が人身売買や児童性的虐待に関与しているというもの。また、その噂になったピザ店で起きた発砲事件）を参考にして、一つの思考実験（「ラーメンゲート事件」）を作ってみよう。

思考実験　ラーメンゲート事件

刃物をもった中年の男が、繁盛しているラーメン店に押し入り、店長をはじめ何人かの従業員に切りつけた。その男は、子どもたちを解放しろと叫んで、建物じゅうを探し回った。やがて、駆けつけた警察官にとり押さえられたが、それでもこの男は「子どもたちはどこだ！」と叫んでいた。

この男が事件を引き起こすに先立って、インターネットでは奇妙な噂が話題になっていた。このラーメン店は、裏のビジネスとして、中高生の男女を性的ビジネスに従事させ、しかも奴隷のような扱いをしている、というのである。さらに、このビジネスが、革新的で自由を標榜《ひょうぼう》する政党の資金源となり、その党首の指示によって動かされている、という。その政党のメールがハッキングされ、そうしたビジネスを裏づけるようなニュアンスの文章が、ネットで出回っている。

この情報が、保守系のネットサイト（ネット右翼）からも発信され、これがツイッターやフェイスブックによって拡散されて、今や多くの人が知るところとなった。この情報を真剣に受け止め、子どもたちを性の奴隷から解放すべきだと考えたのが、店に侵入した男であった。彼は保守的な考えの持ち主で、性的自由を訴える革新的な政党には、嫌悪感を持っている。

現在、そうした革新的な政党と、保守的な政党が対立し、選挙が行なわれている。もし、革新的な政党が勝つようなことになれば、性的奴隷となった子どもたちがますます増加すると、その男は考えたのである。

なんとも、荒唐無稽な話のように見えるが、いったんフェイク・ニュースが出回ると、あたかも「真実」のように受け取る人がいるのである。これを、「スマートフォン革命」との関連で、どう理解したらいいのだろうか。

ドキュメント性から理解する

私は拙著の中で、「アラブの春」を理解するとき、イタリアの思想家マウリツィオ・フェラーリスの「ドキュメント性」という概念を援用したことがある。[※1] そこで、今は、この概念を使って、「ラーメンゲート事件」を考えることにしたい。

フェラーリスは「ドキュメント性」という概念を提唱するとき、その特質として次の三つを挙げている。一つ目は「公共的なアクセス可能性」であり、二つ目は「コピーを生み出せること」であり、三つ目は「消滅せずに生き残ること」である。そこで、これらの特質について、それぞれ確認することにしよう。

まず一つ目の「公共的なアクセス可能性」であるが、「フェイク・ニュース」の情報は、大手の「マスメディア」ではなく、インターネットで発信されることが多い。マスメディアで発信できる人は、きわめて限られている。それに対して、インターネットでは、いうなれば誰でも発信できるのである。この違いは決定的である。たとえ大手のメディア企業でなくても、資金力がなくても、インターネットでは、たやすく情報を発信できるわけである。しかも、情報がいったん発信されると、誰でもアクセス可能になり、公共的な性格を持つようになる。このように、誰でも情報を発信でき、誰でも情報にアクセスできることが、インターネットの特徴である。

二つ目の「コピーを生み出せること」であるが、これこそ「スマートフォン革命」の特筆すべき側面であるだろう。ツイッターやフェイスブックなどのSNSを通じて、情報は容易にコピーされ、拡散可能なのである。しかも、こうしたコピーや拡散は、組織的に行なわれたり、自動的に処理されたりすることも多い。「ラーメンゲート事件」では、保守的な政党に近いサイトが立ち上げられ、そこから情報の拡散が行なわれたようである。こうなると、政治的なプロパガンダと気づくことなく、現実の出来事として、「ラーメン店」の情報が流通するようになる。

三つ目の「消滅せずに生き残ること」は、二つ目の「コピー可能性」と密接に関連している。いったん拡散した情報は、誰かが、どこかで否定しても、消滅することはない。SNSで拡散された情報は、インターネット空間に保存され、消滅することがないのである。たとえば、「ラーメンゲート事件」で、革新的な政党が事実無根であり、政党にはかかわりがないだけでなく、ラーメン店も性的ビジネスには関係ない、と表明したところで、簡単に収束しないわけである。保守的政党に共感する人が、情報を再び拡散することだってあるだろう。こうして、「革新政党＝性的自由＝ラーメン店の性ビジネス」というつながりが、確固たる事実のように存続していく。

このように見ると、「ポスト真実」や「フェイク・ニュース」が、大手のマスメディアよりも、SNSを通したインターネット空間でより発生しやすいことが分かるだろう。そこで、具体的に、フェイク・ニュースがどのように発生したのか、その現場を見てみることにしよう。

フェイク・ニュースを取り巻く欲望

フェイク・ニュースの発生源はただ一つではなく、いろいろあるが、その中でもきわめて興味深い話を、ここで導入しておきたい。アメリカの大統領選をドキュメントした、「WIRED.jp」に連載された記事の中で、次のような指摘が見出される。※2 それを、ここでは「フェイク・ニュースの発信サイト」と名づけておこう。

今のところ明らかになったこととしては、フェイクニュースサイトの多くは、マケドニアやジョージアなどアメリカ国外の国で、若いギークたちがウェブ広告で儲《もう》けるために行ってきた、という報告がある。彼らは、まずフェイクニュースサイトを立ち上げ、Facebookなどのソーシャルメディアを通じて広く人びとの間に周知させ、サイトに流入してきた人びとによって（彼らがサイト内広告をクリックしてくれることで）広告収入を得る。大事なことは、フェイクニュースを提供している側としては、あくまでも広告収入の最大化を図るために引きのよいコンテントを用意しているにすぎないということだ。

この記事で注目したいのは、二つの点である。一つは、フェイク・ニュースの発信者たちが、外国の若者たちであり、特別な資格や能力、資金力などがなくても、簡単にフェイクサイトを開設し、情報発信できることである。この記事に対する註《ちゅう》の中では、「ウェブを通じて国外からの（情報）干渉が誰でも容易に行えるようになったという事実が突きつける意味は重い」と述べられていた。これは、インターネット時代でなければ、まったく不可能なことである。

もう一つは、そうした発信者たちの目的が、政治的な意図を実現することではなく、「広告収入を得る」こと、あるいは「広告収入の最大化を図る」ことであるという点だ。自国の経済が思わしくなく、まともな仕事に就けない状況で、インターネットにサイトを立ち上げて、そこから広告収入を得ようとするわけである。そのためには、できるだけ多くの人々がそのサイトにアクセスするよう仕向けなければならない。

アメリカの大統領選のときに、大手メディアはトランプ氏を候補者としてはまともに取り上げず、彼に関する情報はきわめて少なかったようだ。そのような真空地帯であったからこそ、トランプ氏に関するフェイク・ニュースに多くの人が飛びついたようである。そうした意味では、フェイク・ニュースは最初から、情報が真実かどうかではなく、人々が興味を持つかどうかに、基準をおいていたわけである。

フェイクを求める人々

それにしても、人々は、どうしてフェイク・ニュースに殺到したのだろうか。たとえば、アメリカの大統領選のさなかに、「ローマ法王がトランプ氏を大統領選で支持する、という声明を発表した」というフェイク・ニュースが、ネットを駆け巡ったことがある。[※3] このニュースを見たとき、人々はそれが「フェイク」であると気づかなかったのだろうか。

この情報を発信したのは、「WTOE5ニュース」というサイトであったが、このサイトの説明ページには「空想ニュースサイト」であることが明記され、記事の大半が「風刺もしくは純粋な空想」とされている。したがって、ローマ法王の記事がフェイク・ニュースであることは、最初から分かっていたはずである。つまり、人々は、フェイク・ニュースであるにもかかわらず信じたわけではなく、フェイク・ニュースであるがゆえに信じた、とも言えそうである。つまり、真偽よりも自分の欲する情報を信じ、優先しているのだ。これは、「信じる」ことの不可思議さを教えているのではないだろうか。

ここから分かるのは、「フェイク・ニュース」を信じる人たちは、単純に騙されているわけではないことだ。みずから、「フェイク・ニュース」を求め、信じているのである。

かつて、ファシズムに対して語られたこと、「人々はファシズムに騙されたのではない、

彼ら自身が求めたのだ」という言葉が、ふたたびよみがえってくる。※4

「フェイク・ニュース」は発信する方も、受け取る方も、それぞれ欲望に従って自分たちで意志している。「フェイクへの意志」は、現代人の条件になっている。

※1 岡本裕一朗『いま世界の哲学者が考えていること』（ダイヤモンド社、2016年）
※2 池田純一『〈ポスト・トゥルース〉アメリカの誕生』（青土社、2017年）
※3 平和博『信じてはいけない』（朝日新聞出版、2017年）
※4 ヴィルヘルム・ライヒ『ファシズムの大衆心理』（平田武靖訳、せりか書房、1986年）

第3節

そして誰も信じなくなった

　前節では、政治家もメディアも大衆も、「フェイク」を求めていることが分かった。「ポスト真実の時代」になると、政治家は「自分こそが真実を述べている」と宣伝しつつ、都合の悪い「真実」には口をつぐむ。メディアは建前的には「真実」を追求すると称しながら、大衆が喜びそうな「フェイク」を流すことがある。大衆は、謹厳な「真実」よりも、「面白いかどうか、人気があるかどうか」に左右される。

　しかし、もし人々が、「真実」を求めなくなったとしたら、その先に何が待っているのだろうか。はたして、「真実」は現代において必要ではなくなったのだろうか。そもそも、「真実」を求めることに、いったいどんな意味があるのだろうか。

　そこで今度は、「真実」がまったく要求されていないように見える状況で、あえて「真実」を要求したカントの思考実験を取り上げ、「真実」がなぜ必要なのか、考え直すことにしたい。

嘘をつくことはどんな場合も許されないのか

カントが晩年近く（1797年）に発表した論文の中に、通称「ウソ論文」というのがある。[※1] 正式には、「人間愛から嘘《うそ》をつく権利と称されるものについて」というタイトルなのだが、これはカントの論文のうちで、最も評判の悪いものである。その理由を考える前に、その論文でカントが何を問題にしたのか、思考実験の形で語り直してみよう。

思考実験❶ 友人を救うためなら「ウソ」をついてもいいか？

人殺しが私の友人を追いかけている。友人は私の家に逃げ込んできて、かくまってほしいと依頼する。私が承諾したあと、人殺しが私の家にやってきて、その友人が私の家に来ていないか、私に問い尋ねたとしよう。このとき、私はどう答えるべきであろうか。

この話は、もともとカントのオリジナルというわけではなく、古くは旧約聖書（『ヨシュア記』）でも語られている。また、カント自身、もっと若い頃の講義のなかでも取り上げている。カントは、他の著者の本を講義で使っていたが、それには「窮余のウソ」の話が掲載されていた。[※2]

この話を取り上げて、周りの人に意見を求めると、ほとんどが「ウソをついてもいい」、あるいは「ウソをつくべきである」という答えが返ってくる。もし真実（友人をかくまっていること）を言うならば、友人は殺されてしまうではないか。人殺しに問われて、「ええ、友人は私の家におりますよ」などと答えるマヌケは、どこにいるだろうか。

ところが、カントの態度は違っていた。カントによれば、「ウソをつくな」という義務は、無条件的であって、いかなる例外も許さない。カントの言葉で言えば、これは「定言命法」と呼ばれ、時と場所によって変化する「仮言命法」とは区別される。人間愛からすれば、おそらく「ウソをつく」方がいいように感じられるかもしれないが、それをカントはきっぱりと拒否して、「ウソをつくべきではない」と主張したのである。

こうしたカントの態度は、おそらく常識を欠いた主張のように見えるだろう。カントのように言えば、友人を救うことができないではないか。友人の命を考えたとき、「ウソをつく」のはやむをえないのではないか。ましてや、相手は人殺しであって、人殺しに真実を言う必要はない！　おそらく、強い口調で、こう諭されるに違いない。

カントに対する非難は、カント研究者からも発せられている。一般にカントの研究者と言えば、カントの立場を前提としたうえで、彼の議論を整合的に理解するように努めるものである。ところが、カントの「ウソ論文」にかぎっては、彼の前提を容認するのではなく、むしろカント批判を行なうのだ。こうして、カントの「ウソ論文」は研究者からも見放されることになった。

しかし、カントの態度は、それほど奇妙なものなのだろうか。誰も擁護できないほどの、ナンセンスな議論なのだろうか。それを判断するために、カントを批判する人たちの主張を検討してみることにしよう。

嘘をつけば友人を救えるのか

カントを批判する人たちは、ウソをつけば、友人を救うことができる、と考えている。逆に、カントのように、真実を言えば、友人を救うことができないと見なすのだ。けれども、こうした前提はそもそも正しいのだろうか。これを考えるために、先ほどの思考実験を少しアレンジして語り直してみよう。

思考実験❷ 素直な（?）秘密警察

Kは私の友人であるが、現政府に批判的な活動を行なっているので、「反逆者」として秘密警察に追われていた。Kが私のところにやってきて、今日だけかくまってほしい、と申し出た。長年の友人ということもあって、私は喜んで引き受けた。ところが、その後で、秘密警察がやってきて、私にこう尋ねた。「あなたの友人のKさんが、ここへ逃げ込んだという情報があるのですが、Kさんはおいででしょうか?」当然私は友人のKを救うために、顔色一つ変えず「いいえ、おりません。Kとは、かれこれ三年ほど会っていませんね」。これを聞いた秘密警察は、「ああ、そうですか。分かりました」と言って、帰っていく。

カントの思考実験で、「ウソをついた方がいい」と答える人は、おそらくこうした状況をイメージしているのではないだろうか。しかし、秘密警察の者が、「ああ、そうですか。分かりました」などと言って、立ち去るだろうか。そのような「子どもの使い」のようなことは、絶対に起こらないだろう。もちろん、友人を追いかけてきた「人殺し」の場合も、同様だ。そんな「お人好しの殺人者」は考えられない。

むしろ、「ウソつけー！」と怒鳴りながら、家捜しするはずである。秘密警察であれば、もう少し婉曲《えんきょく》に、「そうですか、しかし念のため確認させて頂いてもよろしいですか?」と言いながら、家のなかをくまなく探し回るに違いない。したがって、「ウソ」をついたとしても、それが友人を救うことになるかどうかは、明らかではないのである。「人殺し」であれ、秘密警察であれ、私がウソをついたとしても、彼らは最初から「ウソだ！」と決めてかかっているのだから、「ウソ」がまったく通用しないのである。

したがって、よくよく考えてみれば、どのような答えが友人を救うことになるのかは、分からないだろう。そして、カントはこれを想定したからこそ、結果は「偶然」が決定すると述べている。たとえば、私が「ウソ」をついて、人殺しや秘密警察が帰っていったとしても、友人が裏口から先に逃げていて、逆にそこでバッタリ出会うかもしれない。そのときには、むしろウソをつかず、「友人はいます」と言って、時間かせぎをした方がよかったかもしれない。いずれにしろ、結果を考慮して、「ウソ」をつくのがいいか悪いかは決められないわけである。

では、この思考実験でカントは、いったい何を主張したかったのだろうか。それは、「ウソをつくな！」という義務の絶対性である。それをここでは、「ウソに対するホントの先行性」と呼ぶことにしたい。たとえば、「ウソ」をつくとき、その発言は相手に「ホント」だと受けとってもらわなくてはならない。秘密警察の場合にも、友人を救うために語った私のウソでさえ、秘密警察には「ホント」だと受けとられなくてはならないのである。いつも「ホント」が前提されるからこそ、ときどき「ウソ」をつくことが有効になる。逆に言えば、私の発言が最初から「ウソ」だと見なされると、「ウソ」をついたところで誰も聞いてくれないだろう。カントが「ウソをつくな！」という義務の絶対性を主張したのは、まさにこうした「ホント」の先行性のことだ、と理解できる。

ところが、「ポスト真実の時代」では、こうした「ホントの先行性」が崩壊し始めたように見える。政治家の発言を聞いても、メディアのニュースを見ても、常に「ホントかな？」と疑い、「もしかしたらウソかもしれない」と感じている。政治にもメディアにもウソが蔓延《まんえん》している――人々はそう感じている。これが「ポスト真実の時代」なのだ。では、この状況から何が生じるのだろうか。

嘘が蔓延する社会

カントの思考実験を持ち出さなくても、ウソが時には必要かもしれないことは、しばしば経験される。「ウソも方便」という言葉もあるように、「ウソ」は必ずしも排除すべきでない、というわけである。しかし、子どもを教育するとき、「ウソも時にはついてよい」と言うだろうか。社会は、「ウソ」を原理的に許容するのだろうか。やむをえない事情があれば、ウソも許される――こうしたことが、社会のルールとして通用するのだろうか。

そもそも、やむをえない事情とは、どんなことだろうか。たとえば、会社の存続のために、検査を偽装して製品が売り出されることがある。これは、やむをえない事情なのだろうか。おそらく、これに賛同する人は少ないだろう。では、次のような思考実験はどうだろうか。

思考実験❸ ウソをついて国際競技会を誘致する!?

ある国では、数年前に原子力発電所の重大な事故があり、その処理がまだ続いている。最終的な収束のめども立っておらず、汚染水が海へと流出している。そのような折、政府は国際的なスポーツの祭典の誘致に乗り出して、「原子力事故については、完全にコントロールできている」と諸外国に発表し、競技会開催を勝ち取った。メディアでは、この政府発表に対する追及が弱く、国際競技会のPRに努め、事故がまだ収束していないことを積極的に報道しない。もちろん、メディアは政府発表がウソであり、事故によって人々の健康被害が発生していることは、知っている。また、国民は、政府発表がウソであることを気づいていながら、政府やメディアが流す競技会のPRに心躍り、原子力発電所の事故のことなどすっかり忘れてしまっている。こうして、政府、メディア、国民がウソをめぐって、ウソだと思いつつ、見過ごしてしまう。

こうした偽装の帰結は、国全体が「真実」に対して、感受性を失ってしまうことであろう。いたるところでウソが語られ、それが社会で通用していくのである。多くの人がウソだと知りながら、ウソが繰り返されると言えようか。

ウソが蔓延するという状況は、『イソップ寓話』における「オオカミと羊飼い」の物語を連想させる。[※3]ウソつきの羊飼いの少年が「オオカミが来た」と言って、周りを欺くのだが、何度もこのウソが繰り返されると、誰も信用しなくなる。「またウソをついている」と皆が考えるわけである。しかし、その結果、じっさいにオオカミがやってきたとき、その少年が何を言っても、誰も信用してくれず、羊はすべてオオカミに食べられてしまったのである。

ウソをつけば、誰もその人の発言を信用しなくなる。それによって、一時的には急場をしのぎ、有利な結果を手に入れたように見えるだろう。しかし、そうしたウソは、本人だけでなく、周りも蝕《むしば》んでいく。誰もウソの発言を厳しく咎《とが》めなければ、社会全体にウソが広がっていくからである。ウソをつくことに、何ら良心の呵責《かしゃく》を覚えなくなったら、おそらく社会としては致命傷になるだろう。

やむをえない事情（友人の命を救うため）のある場合でさえも、カントは「ウソをつくこと」を認めなかった。この態度は、一般の人々だけでなく、カント研究者にもなかなか受け入れられなかった。しかし、いったん「ウソをつく」ことが容認されたら、どうなるのだろうか。カントはウソが人々や社会を蝕んでいくことを見抜いていたように思われる。「ポスト真実の時代」には、一見常識外れのようなカントの思考実験に立ち返って、「真実」の意義を確認すべきではないだろうか。

※1　カント『カント全集13』（谷田信一他訳、岩波書店、2002年）
※2　G. Geismann und H. Oberer (Hrsg.), *Kant und das Recht der Lüge*, 1986.
※3　イソップ『イソップ寓話集』（中務哲郎訳、岩波文庫、1999年）

まとめ

1. アメリカでトランプ大統領が就任するころから、「フェイク・ニュース」や「ポスト・トゥルース」が時代のキーワードになった。この問題の難しさは、フェイクとトゥルースを容易に区別できないことである。しかも、フェイクだったものが、いつしか真実になることさえもある。

2. フェイク・ニュースが根強い力を持っているのは、人々が真実よりもフェイクの方に大きな関心を抱くからだ。無味乾燥な真実はあまり興味が持たれないので、メディアは競ってフェイクを求めるようになる。ファシズムが成立したのは大衆がそれを欲望したからであるように、人々がフェイクを欲望するからこそ、フェイク・ニュースが流通する。

3. 人々がフェイク・ニュースを求め、社会から真実が消えるとどうなるのだろうか。その問題点を考えるために、カントのいわゆる「ウソ論文」を取り上げて、フェイク・ニュースの行方を見通す必要がある。いったんウソやフェイクが容認されると、途中で歯止めがきかなくなり、社会全体に偽装がはびこることになる。

第6章
民主主義はもう機能しない

今日、「民主主義」は多くの国で、社会の基本的な制度として取り入れられている。けれども、それが今、政治的なシステムとしてうまく機能しているかと問われると、否定する人も多いのではないだろうか。現代において、民主主義は「民意」を反映していないように思われるのだ。この事態をいったい、どう考えたらいいのだろうか。

「民主主義」が民意を反映するように、社会制度を改革すべきなのだろうか。それとも、「民主主義」自体に根本的な問題があるのだろうか。しかし、それを議論する以前に、そもそも民主主義において「民意」というものを、どう理解したらいいのだろうか。「民主主義」は「民意」を反映するシステムであるのに、当の「民意」をどう理解すべきなのか、はっきりしないのである。

そこでまず、世界中の国々で取り入れられている「民主主義」は、正しい制度なのか考えてみたい。そのために、「民主主義」の現状を確認し、それが抱える問題を具体的に見ていくことにしよう。

そうすると、「民主主義」を早くから導入した国々では、選挙の投票率が低下し、「民主主義」が多数派の独裁制のように見えてくる。選挙は芸能人の人気投票と変わらず、「民主主義」がますます形骸化していく。この状況を眺めたとき、はたして「民主主義」に未来があると言えるだろうか。

その原因は、「民主主義」そのものにあるのだろうか。それとも、「民主主義」の運用の方法にあるのだろうか。こうした問いにどう答えるにしても、「民主主義」が危機に瀕《ひん》しているのは間違いなさそうだ。とすれば、「民主主義」をどうすればいいのだろうか。

第1節

ポピュリズムの誘惑

現代において民主主義を考えるとき、その大きな特徴となっているのは、イギリスの社会学者アンソニー・ギデンズが指摘した次のような状況であろう。[※1]

民主主義のパラドックス

民主主義は世界中に広まりつつある。しかし、その半面、後発民主主義国が模範とあがめる成熟化した民主主義国では、民主的なプロセスへの幻滅がつのりつつある。ほとんどの欧米諸国では、過去数年のうちに、政治家への信頼の度合いは目にみえて低下した。往年に比べて選挙の投票率は、とくにアメリカで低下した。議会政治に無関心な人の数が、とくに若年層を中心に増加の一途をたどっている。成熟化した民主主義国の市民が、民主政治への幻滅を禁じえなくなったのに、民主主義が世界中のその他の地域に広まりつつあるのは、いったい、なにゆえのことなのか。

ギデンズはこうした状況を「民主主義のパラドックス」と呼んでいるが、今回問題にしたいのは、このパラドックスそのものではなく、「成熟した民主主義国の市民が、民主政治への幻滅を禁じえなくなった」という事態である。つまり、先進諸国では、民主主義の原則にもとづいて、政治経済が発展したにもかかわらず、今やその民主主義への幻滅が広がっているのである。これは、欧米だけでなく、日本でも共通した現象のように見える。

たしかに、若者の政治への無関心は、ずいぶん前から始まっている。1960年代後半に、世界的に沸き起こった異議申し立て運動の後で、若年層の政治意識は後退し、それに伴い選挙の投票率も低下している。その反面、政治経済の指導的な層からは、民主主義への不信感が堂々と主張され、熟議ではなくトップダウン型の意思決定が提唱されている。じっさい、企業や官庁だけでなく、教育組織でさえもグローバル化が進展する世界に対抗するには、リーダーによるスピーディーな決断こそが重要だ、と強調される。

つまり、社会のいたるところで、民主主義的ではない決断が求められる一方で、民主主義的な政治への無関心が広がっているのである。とすれば、民主主義はそもそも必要なのか、という疑問すら生じるのではないだろうか。今まで、民主主義に疑問を呈することは、基本的に回避されてきたように思われる。民主主義を批判すれば、独裁主義や全体主義を肯定するように見えたのかもしれない。したがって、民主主義への批判は、ある意味では、タブー視されてきたわけである。

しかし、最近の状況からすれば、そうしたタブーはもはや消失したのかもしれない。とすれば、民主主義の意義について、あらためて問い直す必要があるだろう。

民主主義は衆愚政治になる!?

民主主義の意義を考えるために、やや迂遠《うえん》に感じられるかもしれないが、古代ギリシャにおける民主主義への批判から出発することにしよう。というのも、古代ギリシャは民主主義発祥の地であるとともに、その批判をいち早く展開したからである。プラトンやアリストテレスが、民主主義に対して厳しく批判したのは、今日ではよく知られている。

たとえば、プラトンの『法律』の中の一節を確認しておこう。彼は、「最優秀者支配制（アリストクラティアー）」と「観客支配制（テアトロクラティアー）」と「民主制（デーモクラティアー）」という概念を持ち出しながら、次のように語っている。※2

「最優秀者支配制」（アリストクラティアー）に代って、かの劣悪なる「観客支配制」（テアトロクラティアー）が生じたのです。それというのも、もしこの意味での民主制

（デーモクラティアー）が、教養ある自由人にのみかぎられ〔たのであれば〕、（中略）さほどおそるべきものではなかったかも知れません。しかし事実は、（中略）万事に関して知恵があると思う、万人のうぬぼれや法の無視が、わたしたちの上に生じ、それと歩調を合わせて、万人の身勝手な自由が生まれてきたのでした。というのも、彼らは、みずからを識者であるかのように思うところから、畏れなきものとなり、その無畏が無恥を生んだのです。

プラトンがここで語っているのは、「民主制」が「観客支配制」と結びついて、劣悪な政治形態を生み出すことである。これは、いわゆる「衆愚政治」によって、「民主主義」が堕落することに他ならない。プラトンが、民主主義のこうした変容を批判したのは、ソクラテスが民衆によって告発され、裁判によって死刑になったことに起因している。そこで、ソクラテスの事例を参考にしながら、今日の状況として一つの思考実験を行なってみよう。

思考実験❶ ある思想家の死

ある思想家が、国の支配的な政治家や著名な文化人たちを厳しく批判し、彼らの見解や主張が何の根拠もないことを、明らかにした。その思想家に、多くの若者が影響を受け、その思想家と同じように政治家や文化人を批判するだけでなく、自分たちの父親や学校の教師までも批判するようになった。こうして、思想家の影響が拡大するなかで、彼を告発する動きが草の根から生じてきた。それによると、その思想家は、若者を扇動して、社会的に重要な役職に就く人々を侮辱し、国家の秩序や規範をことごとく解体するものである。その点で、彼は国家への反逆者であり、「反日」の思想家、あるいは「非国民」と言ってもよい。彼への告発は民衆の多数から支持されるようになる。こうして彼は、裁判にかけられ、死刑を宣告される。

かなり誇張した事例のために、もしかしたら空想的に思われるかもしれないが、それでも戦前の「幸徳事件」（明治天皇の暗殺を企てたとの疑いで、多数の社会主義者や無政府主義者が逮捕された事件）などを持ち出すまでもなく、想定することが不可能ではないだろう。ここで注意しておきたいのは、告発が民衆の中から起こったり、あるいは民衆によって強く支持されたりしていることだ。ギリシャ時代のソクラテスが、アテネの観客支配制的な民主主義によって告発されたように、この思想家は今日のポピュリズム的な民主主義によって告発された、と言える。

こう考えたとき、民主主義を単純にファシズムや全体主義に対立するものと見なすことは不可能になるのではないだろうか。そこで、この点をより鮮明に打ち出すために、民主主義がファシズムを生み出す、という側面を考えておこう。

民主主義からファシズムへ

一般に、民主主義と言ったとき、概念的には独裁制や専制主義と対立し、そのためファシズムとはまったく相容れないものだと考えられている。ナチス・ドイツは民主主義を弾圧し、ファシズム体制を敷いた、というわけである。しかし、この単純な図式は正しいのだろうか。

たとえば、『ファシズムの大衆心理』（1933年）を書いた精神科医ヴィルヘルム・ライヒは、民衆がナチスに騙されてファシズムを支持するようになった、という一般的な見方を拒否して、「民衆自身がファシズムを欲望した」という理解を提唱している。このライヒの指摘は、民主主義とファシムズの関係を考えるとき、きわめて示唆的である。

じっさい歴史的に見ても、ナチスのファシズムが民主主義から生まれたことは、よく知られている。ドイツ帝国は第一次世界大戦に敗れて、ワイマール共和国が成立したとき、最も民主的な憲法を持っていた。この憲法下で、選挙によってヒトラーの率いるナチスが国会で第一党になり、いわば合法的に政権を獲得したのである。つまり、民主主義は合法的に、ファシズムへと姿を変えていったわけである。そこで、こうした経緯をより明確にするために、民主主義からファシズムへの変化を、思考実験として描いてみよう。

思考実験❷ 民主主義を否定する政党を民主主義的に選ぶ？

ある民主主義的な国家では、経済が疲弊して、国民の生活が困窮をきわめていた。そうした折、選挙が行なわれ、複数の政党がそれぞれ独自の政策を掲げて、経済の立て直しを強力に主張した。そのような政党の一つに、国民統合を訴えて、非常事態に対処することを推し進めようとするものが現われた。その政党は、現在の国民的な危機の状況では、一時的に国民の自由や民主的な手続きを停止して、一致団結して危機を乗り超えなくてはならないと主張した。この主張に対して、国民の中に賛同するものが現われ、支持が徐々に広がり始めた。こうして、選挙が行なわれたが、結果は民主主義を停止することを訴えた政党が、国会の第一党になり、その党首が首相に指名された。こうして、首相は今や、非常事態を宣言して全体主義的な政策をつぎつぎと実現し始めた。

ここで分かるように、ファシズムは、反民主主義的に成立するわけではないのである。むしろ、民主主義的手続きによって、民主主義が否定されるのである。これは厄介な事態である。なぜなら、ファシズムを批判するには、民主主義を擁護すればいい、というわけではないからだ。民主主義的な手続きを通して、民主主義を否定するファシズムを人々は選択できるのだ。

民意はどこにあるのか

どうして、民主主義によって民主主義を否定する事態が引き起こされたのだろうか。その一つの要因は、多くの人々が望むものを、民主主義と見なすことにあるだろう。たしかに、民主主義の原理からすれば、政治は民意を反映するものでなくてはならない。しかし、この民意とは、多くの人々が望むもの、欲望するものと言ってよいだろうか。これが問題なのである。

それを検討するために、ある町の首長を選挙する場合を思考実験として考えてみよう。

思考実験❸ 3人の候補者を民主主義的に選ぶとすれば?

ある町の首長を選挙するとき、3人の候補者が立候補した。Aは清廉潔白であり、町の運営について真剣に考え、町民の利益になるような政策を模索している。身近な人を特別に優遇することをせず、公正な政治を心がけている。Bは有名人であるが、町の運営については興味を持たず、町民の利益になるような政策を考えているわけではない。彼はただ、首長という地位に魅力があり、周りから推薦されて立候補している。Cは町の経済的な有力者であり、彼の関連する企業に有利に働くような政策を行なおうと考えている。さて、民主主義的な選挙を実施したところ、票はB↓C↓Aの順であった。このとき、民主主義という観点から考えて、望ましい首長はB↓C↓Aと言えるだろうか。

この選挙で、Bにもっとも票が集まったのは、Bが首長として最も適任だったからではなく、単に有名人であったからだろう。Aは人物としては適任だったとしても、町の人々に知られていない。ごく一部の人は彼の才能を評価していたとしても、多くの人から認められていなかったのである。Bは人気があったとしても、それは町の首長として適切であるという観点からではない。また、AよりもCの方が票を集めたのは、Cが町の経済的な有力者であり、彼と縁故のある人が多いからである。

では、こうした状況でも、多数決にもとづいて選挙するのが民主主義的なのだろうか。

※1 アンソニー・ギデンズ『暴走する世界』（佐和隆光訳、ダイヤモンド社、２００１年）

※2 プラトン『プラトン全集13』（加来彰俊他訳、岩波書店、１９７６年）

第2節 「民主主義」が民意を反映しない理由

有権者25%の得票率で、議員75%を独占

2017年に衆議院選挙が行なわれたが、そのときの投票率はおよそ54%であったと言われている。何と、有権者の半数近くが投票しなかったわけである。

小選挙区の結果、与党第1党になったのは自民党であるが、それらの得票率はおよそ48%であったそうである。そこで、「絶対得票率」(有権者全体に対する得票率)を計算してみると、わずか25%になってしまう。つまり、有権者の4人に1人しか、自民党を支持していないのである。ところが、自民党が国会の議席をどれだけ占有しているかと言えば、何と約75%に達しており、表面上は選挙で自民党が圧倒的に勝利したのである。

こうした傾向は、実は小選挙区制が実施されて顕著になっている。それ以前の投票率、絶対得票率、議席占有率について、朝日新聞がまとめたもの[※1]があるので、参考までに掲載

絶対得票率は低くても、第1党の議席占有率は圧倒的

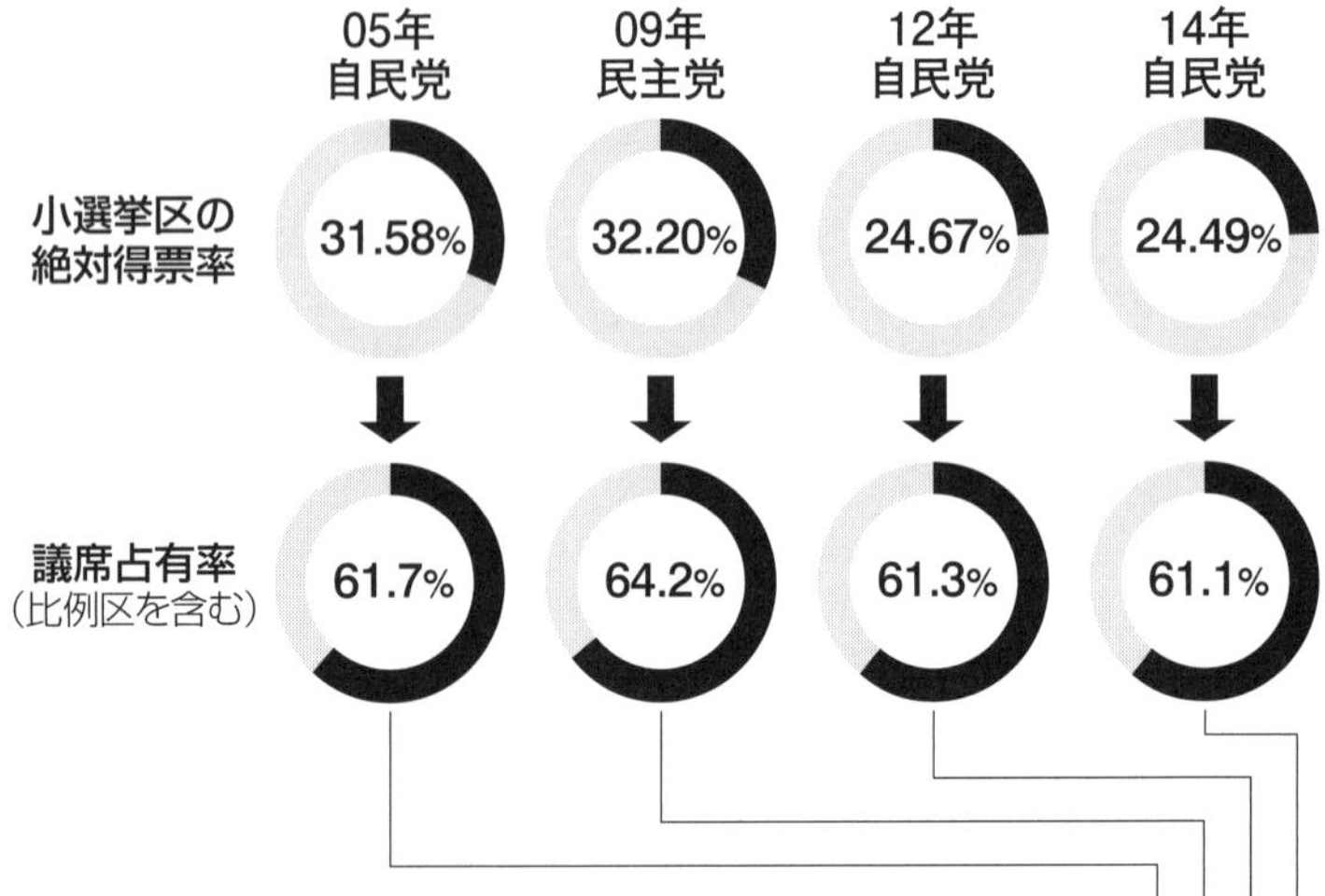

戦後衆院選の投票率の推移 総務省の資料から

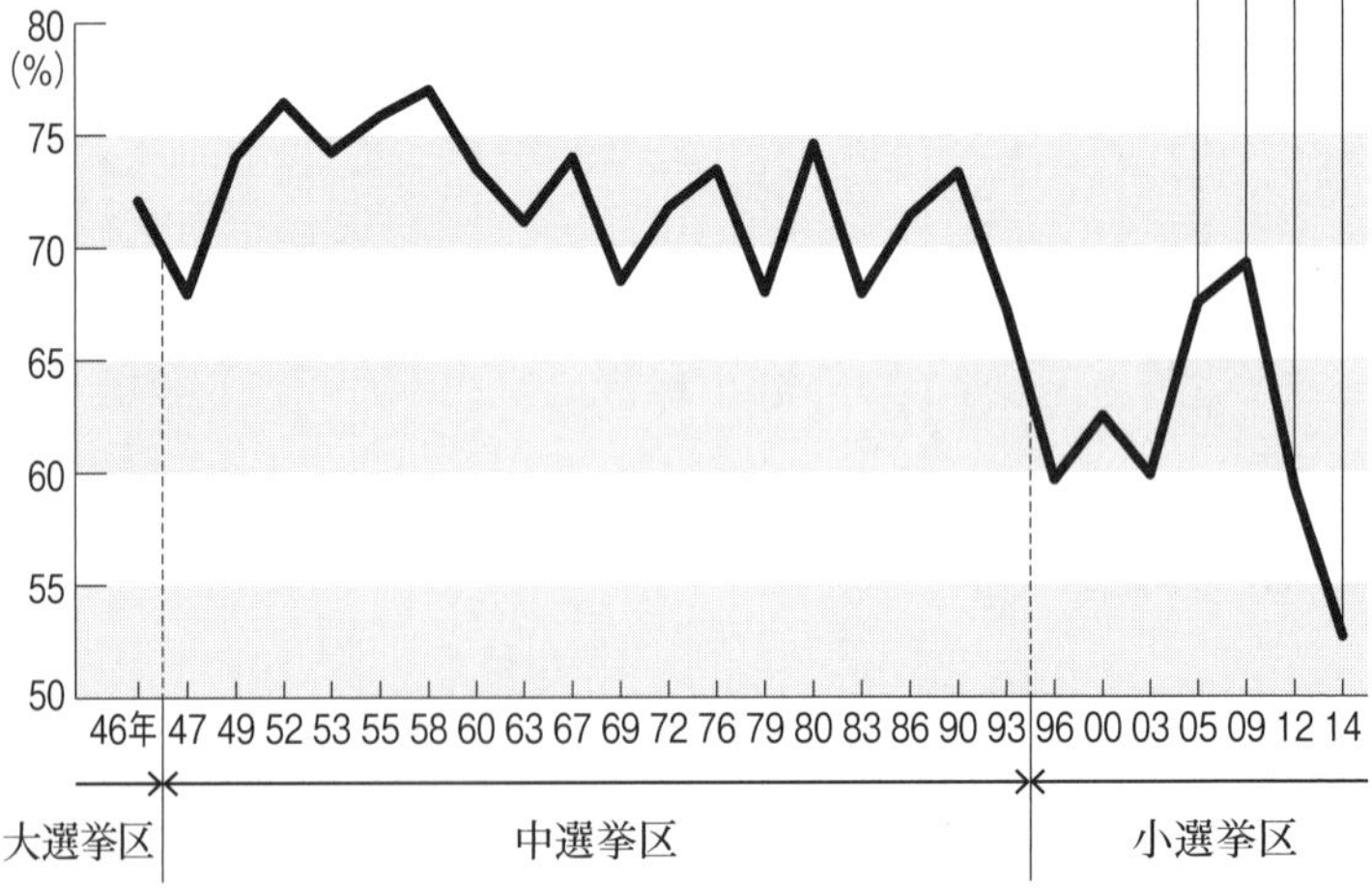

しておくことにしよう。

この表から分かるのは、絶対的な得票率がだいたい4分の1程度なのに対して、与党第1党の議席占有率が6割を超えることである。2017年の選挙では、この傾向がさらに進行し、議席占有率が75％に達したわけである。この状況で、はたして民主主義が有効に機能していると言えるのだろうか。

そこで、この問題を思考実験によって単純化することで、現在の事態が「民主主義」にとってどんな意味をもつのか考えることにしたい。

思考実験❶ ある国の選挙

ある国（有権者100万人）では、政党が5つあり、10の議席をめぐってしのぎを削っている。それぞれを、A、B、C、D、E党と呼ぶことにしよう。今年、選挙が行なわれたが、投票率はあまり上昇せず40％にすぎなかった。選挙の結果、A党6人が当選し、B党は2人、あとのC、D党はそれぞれ1人ずつであったが、E党は誰も当選しなかった。そこで、A党はC党と組み、政権を担当することになった。ただし、得票率を調べてみると、Aは45％、Bは25％、C、Dはそれぞれ12％ずつ、E党は6％であった。こうした状態の選挙は、はたして民主主義的と言えるのだろうか。

この選挙結果を、表面的な党の勝敗や議席数で見るのではなく、民意を表現しているかどうか、という観点から考えてみよう。そのために、まず絶対得票率をみると、A、B、C、D、Eはそれぞれ18、10、4・8、4・8、2・4%であった。つまり、与党であるAとCの絶対得票率はわずか22・8%にすぎないのに、議席占有率はAとCで7割に達しているのだ。言いかえると、国民の23%程の支持によって、70%の議席を占める与党が政治を執り行なうのである。

2割程度の支持で7割の議席を占める、という結果だけを見ると、どう考えても「民主政」とは思えないだろう。むしろ、アリストテレスの『政治学』[※2]に従えば、「寡頭政」と呼んだ方が適切なような気もする。「民主政」とは、民衆（デモス）の意見が反映される政治だからである。

しかしながら、結果ではなく手続きに注目すれば、きわめて「民主主義」的に進められている。不正選挙が行なわれたわけではなく、普通選挙にもとづいて国民の意思を確かめるために、選挙が行なわれている。投票率が低いのは国民の意思の反映であり、その結果にしても、選挙の規則から逸脱してはいない。つまり、「民主主義」的ルールにもとづいて選挙が行なわれているのであるから、結果がどうであれ、それを受け入れるのが「民主主義」というものだろう。

この状況を考えたとき、問題はどこにあるのだろうか。選挙に行かない、という国民の行動だろうか。それとも、わずかの支持でも議席を独占できる、小選挙区制のような制度だろうか。しかし、掲載したグラフの推移を見るかぎり、単純にそう断定することはできない。

多数決は民主主義の原理か

今度は、こうして成立した政党が、じっさいに政治をどう進めていくのか考えてみよう。そのため、A党が「徴兵制度」の立法化を提案する、という事態を例にしよう。

さて、「徴兵制度」と言えば、日本では第二次世界大戦の経験もあるので、きわめて独裁的な制度だと見なされている。しかし、注意しておきたいのは、「国民皆兵」という制度が、必ずしも独裁制につながるわけではなく、「民主主義」と結びつくことさえ不可能ではない点である。ギリシャの民主政は国民皆兵であったし、直接民主制の国と言われるスイスでも、国民皆兵は維持されている。

また、思想家にしても、ルソーの民主主義の思想[※3]には、国民皆兵は当然のように含まれている。さらに、カントの『永遠平和のために[※4]』の中には、国民皆兵が主張されているように読める箇所がある。最近話題になった、マイケル・サンデルの白熱講義[※5]の中でも、

「徴兵制」が問題になっていて、国家を守る義務が強調されている。ただ、こうした議論は、日本ではほとんど話題にもならなかった。

ここで確認しておきたいのは、徴兵制や国民皆兵という制度が、戦前の軍国主義にのみ限定されるわけではなく、将来の課題となる可能性があることである。それを踏まえたうえで、次のような思考実験を行なってみよう。

思考実験❷ 多数決か熟議か?

今回の選挙で、7割の議席を獲得した与党(A党とC党)は、この機会に長年の課題としてきた国民皆兵制度を導入すべく、徴兵令の立法化に踏み切った。当然のように、野党側B党、D党、E党の反対は強く、議論は平行線のまま進んだ。野党の主張では、徴兵令は戦前の軍国主義につながる道であり、国民の人権を守るために断固反対しなくてはならない。

他方、法案を提出した与党側の考えでは、国民皆兵制度は軍国主義ではなく、民主主義の基本となる重要な制度である。自分たちの国を守ることは、国民としての義務であり、全員で負担すべき公共的な責務と言わなくてはならない。

こうして、議論が闘わされてきたが、どこまで行っても平行線のままであり、収束しそうにない。そこで与党側は、審議を終了して採決するように提案した。これに対して、野党側は議論がまだ尽くされていないと反対し、もっと熟議することが必要だと主張した。この状況を打開すべく、与党側は採決に入り、けっきょく多数決で徴兵制度が採択されたのである。しかし野党は、このやり方を、独裁主義につながる横暴であると叫び、法案が民主主義のルールに反している、と強く主張した。

こうした与野党の対立は、「徴兵制度」にかぎらず、いたるところで繰り返されている。その場合に興味深いのは、いずれも「民主主義」に訴えている点である。与党側は、ある程度審議したあとは、多数決によって採決し、その結果に従うことが「民主主義」だと主張する。これに対して、野党側は拙速に採決するのではなく、十分審議し、少数意見にも配慮し、問題点などをえぐり出すような「熟議」こそが、「民主主義」の本質だと強調する。有無を言わさず多数決で採択するのは独裁主義と変わらない、というわけである。

では、民主主義の原理となるのは、与党側が言うように「多数決」なのだろうか。それとも、野党が強調するように、「熟議」が民主主義に必要なのだろうか。与党も野党も、いずれも民主主義に訴えて、正反対の行動に出ているのである。

〝二つの〟民主主義

国会で「徴兵制度」の導入が決定され、そのニュースを知った国民の一部から激しい反対運動が巻き起こったとしよう。とりわけ、この制度の直接的なターゲットとなる若者たちから激しい反対が意見表明された。大学では数十年ぶりに学生の政治活動が盛んになり、自治会を含め多くの学生団体が「徴兵制度反対」を議決した。これに呼応するように、教職員からも反対運動が広がり始めた。この運動から、どんなことが続くのだろうか。

思考実験❸ 議会制民主主義か街頭民主主義か？

大学で組織された学生団体は、次々と相互に連絡し合って、全国的な反対運動を実施するようになった。ついには、国会を取り囲むような大規模なデモを実施する計画を立てたのである。

この運動は、メディアに取り上げられ、全国的なニュースで大々的に報じられ、それがきっかけとなってさらに、全国から支援者たちが集まり始めた。デモの参加者たちは、与党の政治家たちの横暴をなじり、ことごとく民主主義に反していると批判した。デモの参加者は5万人に達し、国会周辺はデモの参加者たちで埋め尽くされた。彼らは、

「民主主義を守れ！」と叫び、人々の声を聴くように訴えたのである。とすれば、政府与党は民主主義の原則に従って、一度可決した「徴兵制度」の法案を撤回すべきなのだろうか。

はたして与党が採択した法案を撤回するかどうかは別にして、そもそも「民主主義」の原則に従うことが何であるかは、実際のところ明確ではないのである。たとえば、与党側は次のように言うだろう。

「われわれは、国民の信託を受けて国会で審議し、民主主義の原則にのっとって採択した。したがって、この徴兵制度の採択は、民意と受け取るべきである。街頭でのごく一部の輩の意見よりも、選挙での国民全体の意見を尊重すべきだ」

こうして、対立するのは反民主主義的な政府と民主主義的な国民ではなく、むしろ民主主義的な選挙で選ばれた政府と街頭で意見表明する民主主義的な人々との対立になるだろう。すなわち、二つの民主主義が対峙《たいじ》しているわけである。このとき、いずれが民意を表明していると言えるのだろうか。一方の政府は国民全体の選挙で選ばれたとはいえ、国民の支持はたかだか20％程度にすぎなかった。それに比べると、デモの参加者は有権者の5％とはいえ、その盛り上がりは数字以上のものがある。では、このとき何が民主主義となるのだろうか。

※1 「低い投票率、民意と隔たり」（朝日新聞デジタル、2017・10・21）

※2 アリストテレス『政治学』（牛田徳子訳、京都大学学術出版会、2001年）

※3 ルソー『社会契約論』（作田啓一訳、白水社、2010年）

※4 カント『永遠平和のために／啓蒙とは何か 他3編』（中山元訳、光文社、2006年）

※5 マイケル・サンデル『これからの「正義」の話をしよう』（鬼澤忍訳、早川書房、2011年）

第3節 個人型から分人型へ

「直接民主主義」と「間接民主主義」

「民主主義」を考えるとき、歴史的には「直接民主主義」と「間接民主主義」に分けられている。

「民主主義」発祥の地とされる古代ギリシャでは、奴隷でない自由人が民会に参加し、政治的決定を行なうが、この自由人は選挙で選ばれるわけではない。民会では、議論は直接顔をつきあわせて行なわれ、ポリスの方針が決められていく。「民主主義」のこうした形態は、現代でも皆無ではないが、狭い地域や範囲に限定されている。もともと、「直接民主主義」は、古代ギリシャのポリスのような条件で、可能となった政体だったのである。

それに対して、近代になると国家の規模が大きくなって、民主主義の主流は「間接民主主義」へと移っていく。国民が選挙で代議士を選び、その代議士が議会において政治を執り行なうといった「議会制民主主義」になったのだ。ただし、選挙で選ばれるのは国政レベルの代議士だけでなく、その他の政治家も含まれるので、より広い概念として「代表民主主義」と呼ばれている。国民が直接政治を行なうのではなく、その代わりに、選挙で選ばれた政治家が議会などを通じて政策決定していくのである。

　こうした「民主主義」の歴史的変遷は、今日では常識化しているので、ことさらな説明は不要かもしれない。ここでは、「近代民主主義」の代表的な思想家であるルソーが、近代的な「代表民主主義」に対して、次のように批判していたことを想起しておきたい。[※1]

> 主権は代表されえないが、それは、主権を譲り渡すことができないのと同じ理由による。主権は、本質上、一般意志のなかに存する。ところで、意志というものはけっして代表されはしない。（中略）だから、人民の代議士は、人民の代表者ではないし、代表者たりえない。（中略）〔議会制の〕イギリス人民は、自分たちは自由だと思っているが、それは大間違いである。彼らが自由なのは、議員を選挙するあいだだけのことで、議員が選ばれてしまうと、彼らは奴隷となり、何ものでもなくなる。

『社会契約論』のこの文章を読むと、ルソーはすでに、「現代民主主義」の問題点を指摘しているのではないか、と思えてくる。国民が自由に選ぶことができるのは代議士だけであり、選挙が終わってしまえば、国民は政治に参加できず、他人(代議士)が決定した政策に服従しなくてはならない。これで民主主義と言えるのか、とルソーは問いかけている。

テクノロジーの変化と分人化

「現代の民主主義」が、こうした欠陥を露呈しているとすれば、それに代わる制度が必要になるのではないだろうか。そのとき、新たな政治的制度はどのようなものになるのだろうか。それを考えるために、少し回り道ではあるが、フランスの哲学者ジル・ドゥルーズの現代社会論を取り上げることにしよう。

ドゥルーズは晩年近くに発表した「管理社会について」という小論の中で、「社会」の歴史的な変化を論じながら、次のように語っている。[※2]

それぞれの社会に機械のタイプを対応させることは容易だ。しかしそれは機械が決定権をにぎっているからではなく、機械を産み出し、機械を使う能力をそなえた社会形態を表現しているのが機械であるからにすぎない。

こう言って、ドゥルーズは「近代の規律社会」と「現代の管理社会」を区別するが、ここで注目したいのは、「管理社会」に対応する機械が「情報処理機器やコンピュータ」であることである。この指摘それ自体は、取り立てて独創的には見えないが、注目したいのは人間のあり方が変わる点である。

ドゥルーズによれば、「近代の規律社会」から「現代の管理社会」に変わることによって、「不可分なもの」と見なされた「個人」が、「可分的なもの」としての「分人」となる。「現代の管理社会」では、人間がさまざまなデータに分割されてしまうのだ。

分割不可能だった個人（individus）は分割によってその性質を変化させる「可分性」（dividuels）となり、群れのほうもサンプルかデータ、あるいはマーケットか「データバンク」に化けてしまう。

第3章でも触れたように、近代社会では、分割不可能な「個人（individual）」を原理としていたが、今やコンピュータ・ネットワークが整備された現代社会では、多様な要素に分割された「分人（dividual）」が登場するのである。

ドゥルーズが提唱したこの概念を使って、「民主主義」をあらためて理解しなおすことにしよう。近代社会で実現された「代表民主主義」は、その原理を規律社会の「個人」の内に持っている。「個人」として一票を持つ国民が、選挙で「個人」としての政治家を選ぶ。この政治家は、国政の場で「個人」として一票を投じることになる。こうして、「代表民主主義」では、「個人」が何層にもわたって重要な役割を持っている。

しかしながら、現代では、デジタルネットワークが社会的に張り巡らされ、個々人やその行動はそれぞれの地点で、バラバラに記録・保存されていく。「管理社会」では、「個人」としての統一性よりも、むしろ多様な分割性の方が際立ってくるのだ。

このように考えるならば、今日、「代表民主主義」がうまく機能していないのは、きわめて当然のように思われる。現代社会では、コンピュータ・テクノロジーを中心とした通信ネットワークが形成され、個々人は多様なデータへと分割され、「分人」化されている。ところが、政治制度としては、分割不可能な「個人」を単位とした「代表民主主義」が行なわれている。すなわち、現代社会では「分人」が主流となっているのに、政治制度では近代的な原理である「個人」的な「代表民主主義」しか利用できないわけである。こうした二つの原理の齟齬《そご》こそが、今日において「民主主義」がうまく機能しない原因ではないだろうか。

デジタル・テクノロジーにいかに対応するか

これまでの議論を踏まえて、「民主主義」のあり方を、メディア・テクノロジーとの連関のもとで、あらためて歴史的に理解することにしよう。

まずは、古代ギリシャにおいて成立した「民主主義」であるが、これは民会において自由人が直接議論し、政策を決定していく「直接民主主義」である。このとき使われたコミュニケーション・テクノロジーは、直接に向き合って口頭で対話することである。そのため、ギリシャでは、「弁論術」を教えるソフィストや、「問答法」を強調する哲学者たちが活躍したのである。しかし、この「直接民主主義」は、少人数の狭い場所でしか可能ではない。

そこで、近代になって主流となる「民主主義」は、選挙で選ばれた政治家が国民を代表し政策を決定するという、「代表民主主義」である。この「民主主義」では、新聞や雑誌、書物などの印刷物（マス・メディア）が、世論を形成したり、政治への関心を喚起するといった、重要な役割を果たしている。ところが、今日では、ルソーが批判したように、「国民は選挙のときだけ自由で、それが終わると奴隷になり果てている」。

では、「代表民主主義」に代わる現代社会の「民主主義」は、どのようなものだろうか。コミュニケーション・テクノロジーについて言えば、コンピュータを中心にしたデジタル・テクノロジーであり、これがインターネットによってつながりあっている。21世紀になると、情報機器はいっそう小型化し、ネットワークも無線化されるようになっている。これは、15世紀のグーテンベルク印刷革命に匹敵する出来事だと言える。

とすれば、こうしたコミュニケーション・テクノロジーの変化に対応して、「民主主義」もまた、変わるべきではないだろうか。たしかに、今日でも政治活動に対してデジタル・テクノロジーが利用され始めてはいる。しかし、それはあくまでも、広報活動レベルであって、まだ「民主主義」の制度そのものを変えるまでにはいたっていない。

しかし、現代社会がデジタル・テクノロジーにますます依存するようになっていることを考えたとき、「民主主義」もまた、こうした新たなテクノロジーにもとづいて構想すべきはずである。今までの民主主義が「個人にもとづく民主主義」だとすれば、今後始まる「民主主義」は「分人型の民主主義」になるだろう。[※3] その制度が具体的にどうなるのか、今のところあまりハッキリしたことは分からない。しかし、おぼろげながら、少しイメージを喚起するために、簡単な思考実験を行なってみよう。

思考実験　デジタル・テクノロジーにもとづく分人型民主主義

ある地域で、ゴミの処分場が必要になったので、A、B、C、Dの4地区のどこかに建設するため、広く意見を求めた。そうすると、インターネットやさまざまなメディアで、議論が展開され、最終的に代表的な意見として、次のようなものが表明された。①A地区は人口が少ない過疎地なので、ゴミ処分場として適している。②B地区の人口が一番多く、ゴミの量も多いので、B地区に建設すべきである。③C地区は海に面し、埋め立ても可能なので、C地区に建設すべきである。④環境専門家の見解では、D地区が環境的に適しているので、この見解に従うべきである。そこで、その地域の住民に判断してもらうために、1人10点を持ち、その中で自分の考えに近いものに、点数を配分してもらうように呼びかけた。たとえば、A地区の住民は、②に5点、③に2点、④に3点という具合である。ネットを通じて集計するので、作業はそれほど困難ではなかった。こうした形で政策を決定することは、近代的な代表民主主義より優れていると言えるだろうか。

ここで重要なことは、意見表明も最終的な採決も、デジタル・テクノロジーを駆使して行なうことである。人々は、インターネットなどを通じて意見表明すれば、一方通行的ではなく双方向で議論できるので、「直接民主主義」の伝統を引き継ぐことになる。しかも、サイバー空間であるから、人数が多くなっても、実現できないわけではない。さらに、採決が代表制ではなく、各人がみずから意思表明することにも注目しておきたい。この点で、ルソーの代表制批判からは免《まぬが》れているのである。

もう一つの側面として、これが「個人」にもとづく「民主主義」ではなく、「分人型」の「民主主義」であることも強調しなくてはならない。「個人」として、どれかに一票を投じるのではなく、票そのものが多様に分割されている。これをアナログ的に集計するのは困難だが、デジタル・テクノロジーを利用すれば一挙に可能となる。まさに、多様に分割された「分人型の民主主義」である。

とはいえ、デジタルな「分人型の民主主義」と言っても、まだ制度的に実施されていないので、具体的には構想するのが難しいだろう。しかし、これから真剣に取り組むべき課題ではないだろうか。

※1 ルソー『社会契約論』(作田啓一訳、白水社、2010年)

※2 ドゥルーズ『記号と事件』(宮林寛訳、河出書房新社、2007年)

※3 「分人型の民主主義」については、鈴木健『なめらかな社会とその敵』(勁草書房、2013年)

まとめ

1. 先進諸国では、民主主義に対する幻滅が募りつつあり、実質的にも選挙への投票率が低下しつつある。民主主義は衆愚政治へと変化することも多く、さらには独裁制を生み出す可能性もある。民主主義において、民意をどう理解すればいいのか。

2. 民主主義と議会制は適合的なのだろうか。選挙によって多数派となったものが政治の支配権を握ってしまえば、権力に歯止めがかからない。多数決と熟議では、いずれが民主的なのだろうか。議会制民主主義がはたして民主主義の最良の形態なのだろうか。

3. デジタル・テクノロジーが発展した現代では、そのテクノロジーに見合った形で民主主義を作り変える必要がある。今までの民主主義では、個人を単位に政治システムが編成されていたが、今後は「分人」の概念にしたがって、個人は多様な分野に細分化されるようになる。それに応じて、デジタル民主主義を構想するとすれば、いかなるシステムになるのだろうか。

第7章
来るべき人口減少社会に向けて

最近、日本の将来的な人口減少が大きく取り上げられ、対策の必要性が声高に叫ばれている。とはいえ、少子化傾向については、いまさら始まったことではなく、すでに30年ほど前から何度も注目されてきた。しかし、今回の未来予測は、これまでの議論とは雰囲気が違っている。

たとえば、現在の人口は1億2000万を超えているのに、2065年には8800万人ほどになり、100年後には5000万人ほどになるという。驚くのはまだ早い。200年後には1380万人になり、なんと3000年後には2000人になるらしい[※1]。たしかに、この数字は、ショックを与えるのに十分である。しかし、3000年後の世界が、今まで通りの国際社会であるのかどうか、そもそも疑わしいのではないか。とすれば、こうした未来予測が――人口減少恐怖症と呼んでおこう――はたして意味を持つのか、検討しなくてはならない。

この章ではまず、グローバルな観点から、日本の人口減少予測をあらためて考え直すことにしたい。というのも、最近の人口減少恐怖症には、グローバルな観点がほとんど欠落しているからである。

グローバルな環境保護の立場から言えば、世界人口の抑制は今やコンセンサスとなっている。2100年ごろまで人口増加が見込まれるものの、次第に定常化に向かうと予想されている。その点では、日本の人口が減少することは、世界人口の抑制に貢献できるはずだし、それに寄与できるならば、望ましいことではないだろうか。

こう考えたとき、日本の将来的な人口減少は、そもそも悪いことなのだろうか？　最近の喧騒から一歩退《ひ》いて、冷静に考え直すことが必要だ。

第1節

日本の人口減少をグローバルに考える

世界人口と日本の人口

問題を確認するために、二つの人口予想を対比することから始めよう。2019年6月に発表された国連人口部の報告によれば、日本の人口は2100年には、7500万人になると推計されている。それに対して、世界人口は100億人を突破すると予想される。その対比を理解するには、次ページのグラフを見るのがいいだろう。

ここから分かるのは、一方で世界人口がどんどん増加するのに対して、他方で日本の人口が減少し続けることだ。しかも、2年前の国連の推計では、2100年の日本の人口が8450万人だったのに、今回はそれより1000万人も少ないのである。これを見たら、心配したくもなるだろう。

しかし、この予想から、いかなる意味を引き出すことができるのだろうか。世界人口が増加しているのに、日本の人口が減少していくのは、そもそも悪いことだろうか。それを考えるために、世界人口と日本の人口の組み合わせを作ってみよう。

① (世界人口：増加　日本人口：増加)
② (世界人口：減少　日本人口：増加)
③ (世界人口：増加　日本人口：減少)
④ (世界人口：減少　日本人口：減少)

この4つであるが、現在予想されているのは、③のシナリオである。この予想に対して、最近の論調では何が主張されているのだろうか。

人口減少について警鐘を鳴らす議論は多い

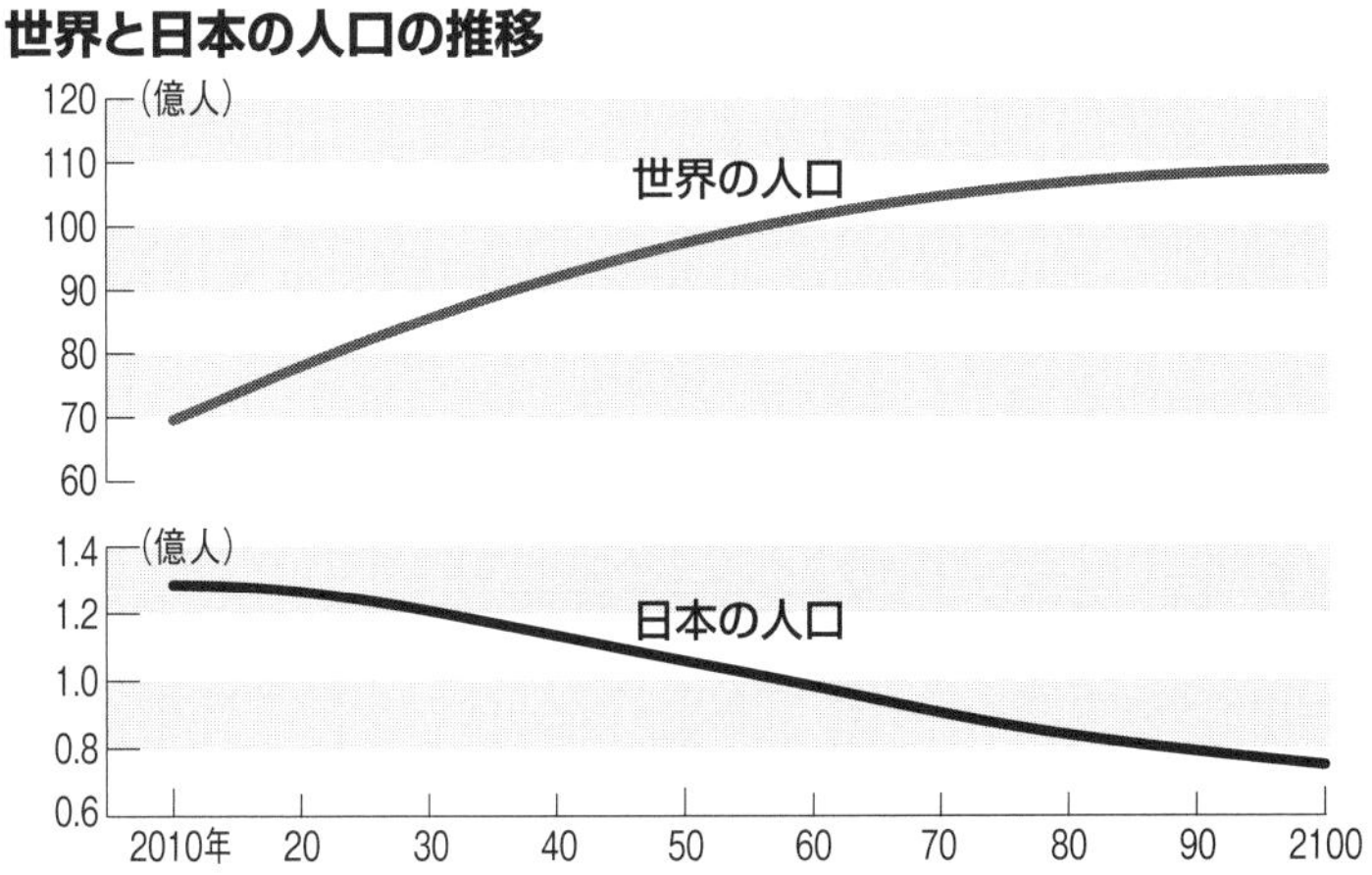

が、どのように減少に歯止めをかけるのか、具体的な目標を提示する議論は少ないように思われる。はっきり言って、「いったいどうしようとするのか」、明確に主張しないのだ。

しかし、問題を考えるには、論点をはっきりさせたほうがいいので、一つの思考実験を行なって、論争の軸を設定することにしよう。

思考実験❶ 人口減少抑制計画

日本の少子化傾向については、1990年以降しばしば語られてきたが、2019年の国連の人口部の発表を見て、政府も動揺を隠せなかった。「合計特殊出生率」が2・07を下回ると総人口が減少するのは分かっているので、政府の方針として、それを超えるようにあらゆる支援を行なうように決定したのである。働く女性の子育て支援を拡充するだけでなく、婚外子も積極的に援助するようにした。その甲斐《かい》あって、出生率も2・07を上回るようになり、人口も増加し始めた。

それでは、日本の国家として、この政策は望ましい方向となるのだろうか。


こうした少子化対策によって、はたして人口減少傾向に歯止めがかかるのか、ましてや人口増加に転じることができるのか、疑念が残るかもしれない。しかし、ここで問題にしたいのはその点ではない。

むしろ、この対策が有効であったとして、そもそも、日本の人口が増加することは望ましいことなのか——これが問題なのである。日本の人口が増加するようになったとすれば、世界の人口は今以上に増加傾向を強めることになるのではないだろうか。こうして、人口減少に対する対抗策として、①のシナリオが提唱されることになる。しかし、この提案は、地球環境保護に対して逆行することになるのではないだろうか。

地球環境問題としての人口問題

1960年代後半、『サイエンス』誌に掲載された二つの論文が、環境問題に対する世界的な議論を生み出すきっかけになった。一つはリン・ホワイトの「現在の生態学的危機の歴史的根源」(1967年)であり、もう一つはギャレット・ハーディンの「コモンズ(共有地)の悲劇」(1968年)である。※2 この二つの論文に共通しているのは、当時進行しつつあった世界人口の驚異的な増加への危惧であった。

この増加は「人口爆弾」という用語を生み出し、ポール・エーリックの著作(1968年)のタイトルにもなっている。※3 つまり、世界的な規模での「人口爆発」が、地球環境に対する生態学的危機を生み出し、環境問題の本質をなすと見なされたのだ。それを理解するには、次のグラフを見るのが分かりやすいだろう。

西暦元年には、世界人口は1億人と推定されているが、１０００年後におよそ2億人になった。その後、西暦１５００年には5億人になり、19世紀の初頭にはおよそ10億人になっていた。それから、20世紀に入る頃は、16億人にも達していた。

それが、１９２０年代には20億人になり、30億人を超えたのは１９６０年である。「それから一四年後の七四年には四〇億人になり、その一三年後に五〇億人を突破した。今世紀〔20世紀〕末に六〇億人を突破することは、まず確実である」と予想されていたが、じっさい２０００年には約61億人になっている。[※4] そして、70億人を突破したのは２０１１年である。

このスピードを考えたとき、現代の急激な

世界人口の推移（推計値）
出典:国連人口基金東京事務所ホームページ

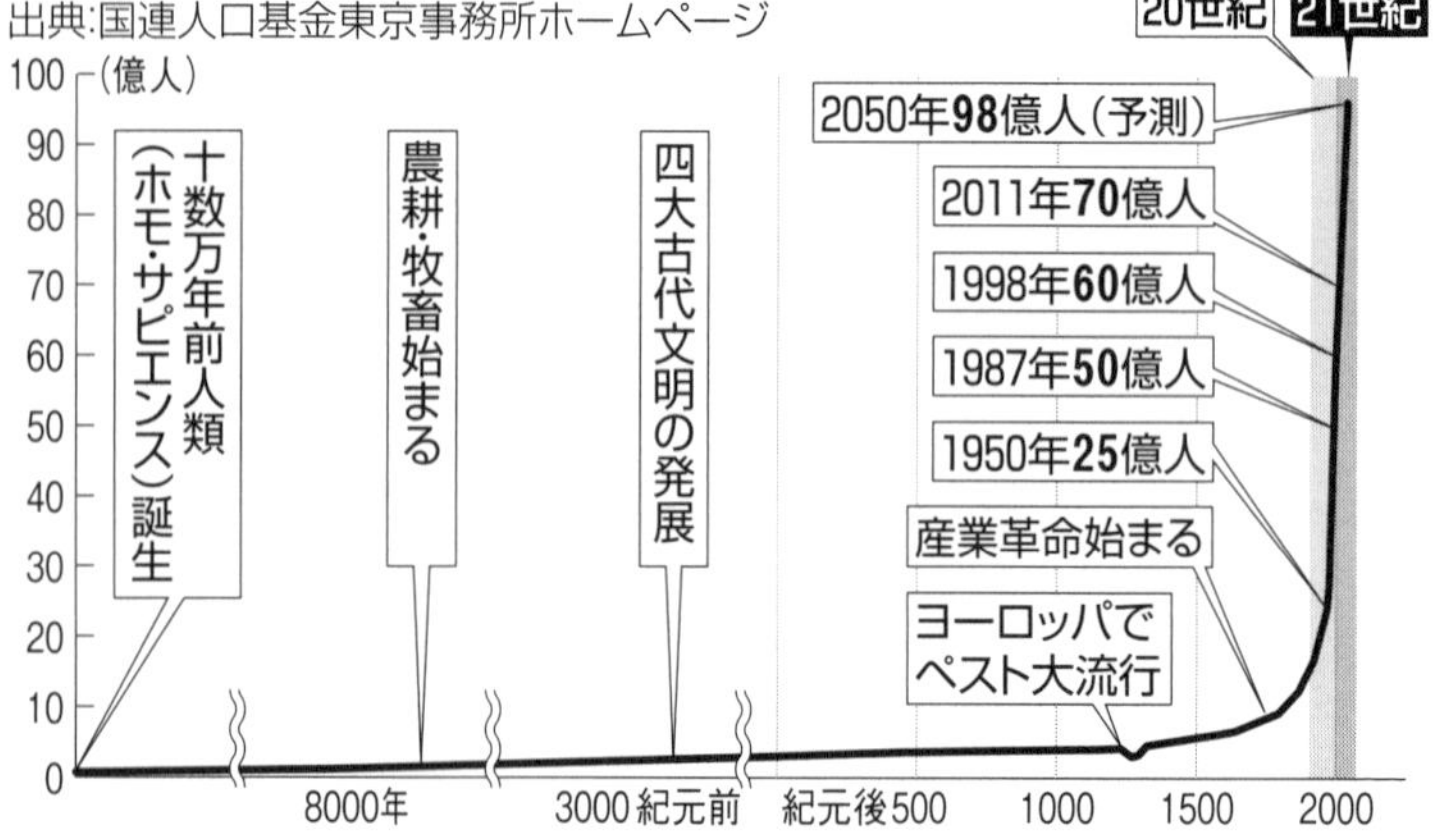

人口増加が、さまざまな環境問題を引き起こしたのは予想できるだろう。食糧危機や資源枯渇は言うまでもなく、「環境汚染も人口増加の結果」と考えられる。

南北問題としての人口問題

人口問題の難しさは、「人間の数がどれだけか」という単なる数字上の問題ではなく、それが経済的な格差と結びつき、社会問題となっていることだ。[※5] たとえば、「人口爆発」という表現で言えば、第1次と第2次を分けるのが通例であるが、そこには先進国と発展途上国の根本的な対立が深く刻印されている。

まず、「第1次人口爆発」は、ヨーロッパで産業革命が進行した18世紀後半から19世紀にかけて起こっている。それまで、人口増加率は年平均0・06%であったものが、産業革命後には0・6%になっている。人口爆発は、経済活動の発展と相伴って、ヨーロッパから始まったのである。

19世紀の初め10億人だったものが、20世紀になる頃には16億人になっている点から見ると、たしかに急激な増加と言える。しかし、1950年以降の「第2次人口爆発」を見ると、かすんでしまうのだ。1950年から1960年の人口増加率は年平均1・8%であり、1960年から65年には2・0%になっている。また、1950年に25億人だった人口に対して、1970年の人口は37億人なのである。

この第2次人口爆発は発展途上国の人口増加であって、以前の人口爆発とは地域がまったく異なっている。この時期、ヨーロッパの人口増加は停滞し、むしろ人口減少に転じていた。ここから分かるのは、人口増加の地域的な変遷である。

18世紀には、産業革命を早々と済ませた先進国（西洋）の人口増加があり、20世紀の後半以降には、植民地主義から解放された発展途上国の人口増加が引き起こされた。とすれば、人口問題に対して、何が言えるのだろうか。

環境問題が意識されるようになって、発展途上国の人口爆発が深刻な問題として提起され、その解決策として人口抑制のために産児制限が提唱されることもあったが、これは先進国から発展途上国側に抑制を訴えるものである。この構図は、地球温暖化問題でも繰り返されてきた。しかし、この訴えは、人口問題の歴史を考えると、独りよがりの要求に見えないだろうか。

というのも、最初に「人口爆発」を生み出したのは先進国側であって、そのおかげで経済発展も進行したのである。20世紀になって、自分たちの人口増加が止まったからといって、発展途上国の側の人口増加を止めるよう要求できるのだろうか。なんとも、虫のいい話に聞こえるだろう。

日本の人口減少は悪いことか

それでは、最初の問いにもどって考え直すことにしよう。周知のように、日本の人口は20世紀末以来、減少傾向にある。現在の合計特殊出生率は1・42なので、人口は減少し続けている。ただ、注意しておきたいのは、出生率は2005年が最低で、それからやや上昇している。とはいえ、人口が減少傾向であることに違いはない。

では、この状況に対して、いったい何をすべきなのだろうか。先ほどの思考実験で、人口減少傾向を止めるような政策を政府が打ち出すことを考えてみたが、これは正しいのだろうか。それを考えるために、思考実験をもう一つ行なってみよう。

思考実験❷ 世界人口か日本の人口か？

日本の政府は人口減少傾向を止めるために、あらゆる手を尽くして、「産めよ殖やせよ」キャンペーンを実施した。その政策が効果を生み出し、出生率が飛躍的に上昇し、人口が増加へ転じた。

ところが、日本の人口上昇は、世界的な人口抑制政策に対立することになった。日本をはじめ先進諸国が人口減少していたので、世界全体の人口増大傾向にも歯止めがかかり始めていた。ところが、日本がこの人口減少傾向に対抗するような政策を打ち出したので、世界の先進諸国でも「産めよ殖やせよ」政策を採用するようになった。

こうして、いったん上昇傾向が止まったように見えた世界人口も、再び上昇傾向を強めるようになった。

そこで、国連から、日本に人口増加政策を止めるように勧告が行なわれた。はたして日本は、この勧告を受け入れるべきだろうか。

グローバルな観点から言えば、20世紀後半の人口爆発に対処するには、日本も有効な政策を採用したほうがいいだろう。20世紀末になって、日本の人口増加傾向も止まり、21世紀になる頃には減少化の道を歩み始めている。

出生数と合計特殊出生率の推移　出典:朝日新聞社

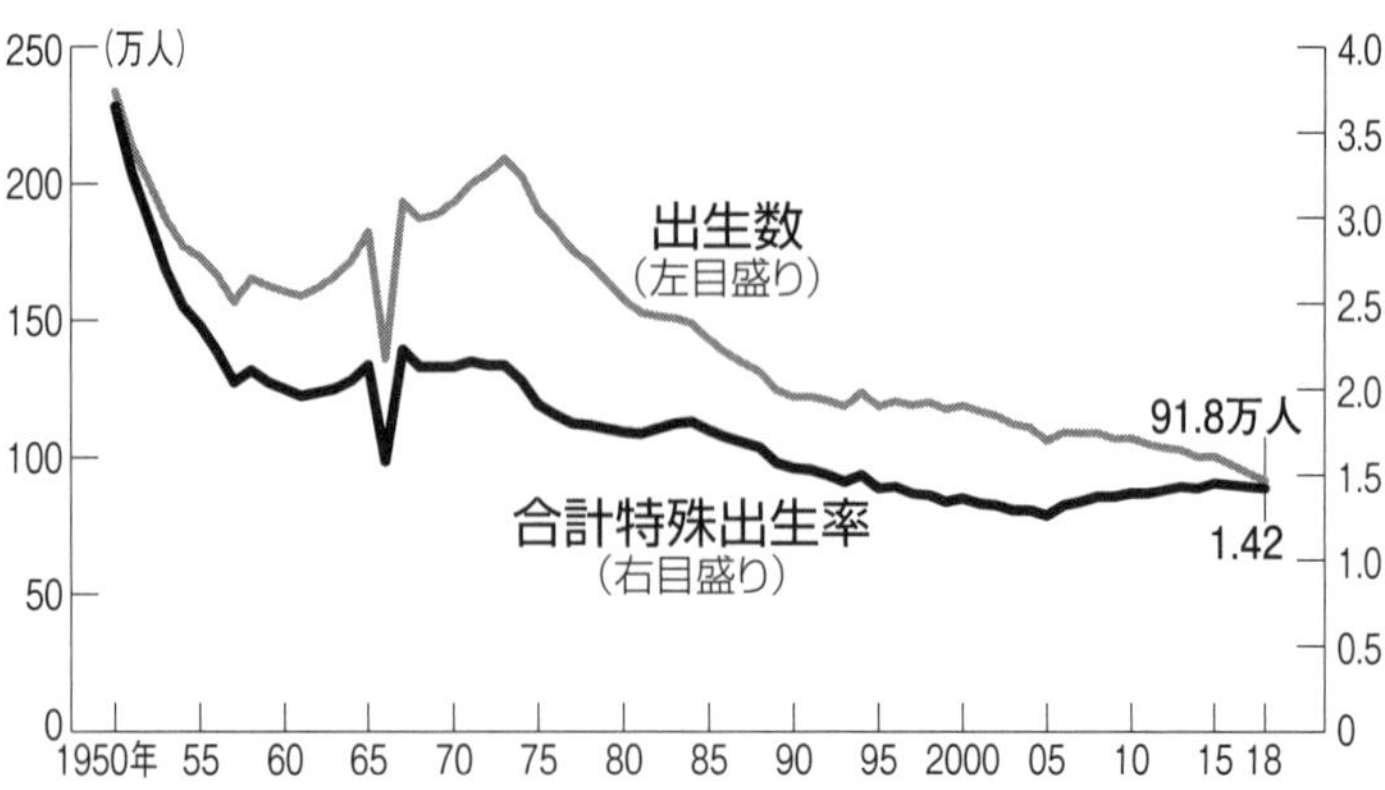

産児制限を実施することなく、いわば自然な流れで人口が減少し始めている。

とすれば、世界の人口動向を重視するかぎり、この減少傾向にあえて逆らう必要はないはずである。それなのに、自国の人口減少に対して警鐘を鳴らして、人口増加への道を歩もうとするのは、世界の環境破壊につながる一国のエゴイズムではないだろうか。

そう考えると、残された道は二つである。地球環境の保護のために、自然な形の人口減少傾向を受け入れていくのか、それとも人口減少に逆行して、不自然な形で「産めよ殖やせよ」の人口増大化への道を進み、環境破壊に与《くみ》するようになるか。

いま、いずれの道が、必要なのだろうか。

※1 河合雅司『未来の年表』(講談社、2017年)

※2 L. White Jr., "The Historical Roots of Our Ecological Crisis", *Science* 155, 1967. G. Hardin, "The Tragedy of the Commons", *Science* 162, 1968.

※3 エーリック『人口爆弾』(宮川毅訳、河出書房新社、1974年)

※4 石弘之『地球環境報告』(岩波書店、1988年)

※5 岡本裕一朗『異議あり!生命・環境倫理学』(ナカニシヤ出版、2002年)

第2節　出産パターナリズムから出産ファシズムへ

最近の日本の論調では、日本の人口減少に警鐘が鳴らされ、政治家が盛んに「産めよ！殖やせよ！」のアピールを行なっている。女性に対して、あたかも「子どもを産む機械」であるかのような発言が後を絶たない。こうした発言を、「出産パターナリズム」と呼んでおくことにしよう。

出産パターナリズムとは

こうした出産パターナリズムは、人口減少への対策として、どこまで有効なのだろうか？　もし、その意図を実現させようとすれば、いったいどのような方法があるのか、思考実験してみたい。それによって、出産パターナリズムの真意が分かるかもしれない。

これから議論を始めるにあたって、言葉の確認をしておきたい。パターナリズムというのは、一般に「温情的父権主義」とも訳されるが、意味については語源から理解する方が分かりやすい。歴史的にはラテン語のpater（パテル〔父親〕）に由来し、親が子のためよかれと思って、いろいろとお節介を焼くような態度が、「パターナリズム」と呼ばれている。

上位のものが下位の者に干渉することだが、支配したいという悪意があるわけではなく、基本的には善意にもとづくとされている。だから、「父権的」なのである。この言葉がとりわけ重要になったのは、J・S・ミルが『自由論』のなかで、自由を次のように規定したからである。[※1]

その原理とは、人間が個人としてであれ集団としてであれ、ほかの人間の行動の自由に干渉するのが正当化されるのは、自衛のためである場合に限られるということである。文明社会では、相手の意に反する力の行使が正当化されるのは、ほかのひとびとに危害が及ぶのを防ぐためである場合に限られる。

この原理は別名「他者危害原理」とも言われるが、誰かの自由に介入・干渉できるのは、その人が他者に危害を及ぼす場合だけ、とされている。言いかえると、その人の行為が他人ではなく、本人自身に危害を及ぼす場合は、第三者が干渉したり、お節介を焼いたりできないわけである。

こうして、ミルの「自由」の考え方からすると、パターナリズムが禁止されることになる。たとえ本人の行動がその人自身に危害を及ぼすように思われたとしても、子どもに干渉するかのように、その人の行動や生き方に介入してはならないのだ。

この考えは、若い人々にはけっこう浸透していて、他人から干渉されると「ウザい」といって拒絶することが多い。ところが、世代が違うと、まったく違う感性をもった人たちがいるのである。とくに、政府与党の政治家たちに多いように見える。

たとえば、最近（2019年5月）でも、ある政治家が「お子さん、お孫さんには子どもを最低3人くらい産むようにお願いしてもらいたい」と発言して、大臣を辞職することになった。また、過去（2007年）には、「女性は産む機械」と発言した大臣もおり、発想としては共通である。

こうした政治家たちの発言に、はたして悪意があったかどうかは、ここで問題にしない。むしろ、確認したいのは、彼らが「少子化対策」のつもりで、女性たちの生き方に余計なお節介を焼いたことである。「少子化対策」という名の下で、女性の産む・産まないという行動に、無用の干渉をすること――これを、「出産パターナリズム」と名づけることにしよう。

しかし、こうしたパターナリズムは「少子化対策」になるのだろうか？

結婚した人が子どもを産まないのか

「出産パターナリズム」は、いったい何をめざしているのだろうか。こう問われたら、おそらく次のように答えるだろう。「結婚した女性たちが、子どもをたくさん（3人以上）産むよう」に奨励している、と。というのも、政府が「少子化対策」を打ち出すとき、メインとなっているのが「子育て支援」だからである。

しかし、「子育て支援」によって、はたして日本の人口減少を食い止めることができるのだろうか。そもそも、日本の人口減少は、結婚した夫婦が子どもを産まなくなったことに起因しているのだろうか。

それを考えるために、次ページのグラフを見ておこう。このグラフは、「完結出生児数」の変化を調べたものであるが、これを見ると最近は少し減少しているものの、1970年代からずっと、だいたい2・00を超えている。

これを見て、どんな感想を持つだろうか。最初の感想は、「えっ？　最近は1・4程度ではなかったか？」というものだろう。じっさい、前のグラフでは、そうなっていた。とすれば、いったい何が違うのだろうか。

人口減少の要因を考えるとき、二つの数字の違いに注目しておく必要がある。一つは

「合計特殊出生率」であり、もう一つは「完結出生児数」である。定義的には、前者は「15～49歳までの女性の年齢別出生率を合計したもの」とされ、後者は「結婚持続期間（結婚からの経過期間）15～19年夫婦の平均出生子ども数」とされる。ただ、これだけでは分かりにくいので、もう少し簡単な言い方にしてみると、次のようになる。

合計特殊出生率　女性一人が生涯に産む子どもの数

完結出生児数　夫婦が生涯に産む子どもの数

違いは、「合計特殊出生率」の方が既婚者だけでなく未婚者も含むのに対して、「完結出生児数」が未婚者を含まないことだ。早い

生まれる子どもの数

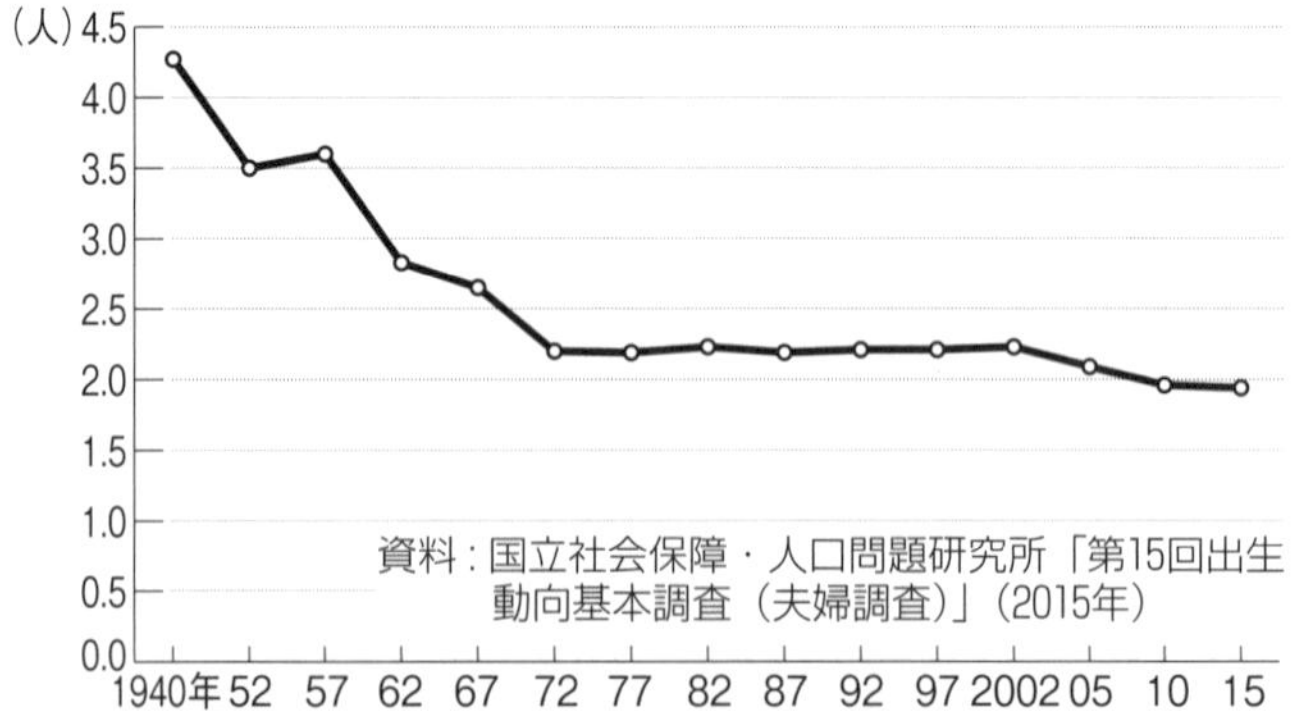

資料：国立社会保障・人口問題研究所「第15回出生動向基本調査（夫婦調査）」（2015年）

注：対象は結婚持続期間15～19年の初婚どうしの夫婦（出生子供数不詳を除く）。横軸の年は調査を実施した年である。

話、結婚した人がどれだけ子どもを産んでいるかは、「完結出生児数」を見なくてはならない。

こうすれば、最近でさえも平均的には、夫婦が子どもを2人程度は産んでいることが分かるだろう。とくに、2005年までは2・00を超えているので、結婚した人たちは2人以上の子どもを持っていたことになる。では人口減少の要因となるのは、いったい何だろうか。

同じ年度で比較するために、2015年を取り上げてみよう。完結出生児数は1・94なのに対して、合計特殊出生率は1・45であった。こうした差は、基本的には単身生活の女性が増加していることが大きな要因であろう。日本では、結婚していない女性が子どもを産むことが少ないからである。

それでは、二つの数字の違いを確認することで、何が分かったのだろうか。その一つは、人口減少の要因が、夫婦が子どもを産まなくなったことだけにあるのではない、という点である。もちろん、完結出生児数が2010年以降は2・00を若干割り込んでいるので、夫婦でも子どもの数は少なくなっているが、それでも1970年代以降は2・00あたりでずっと推移している。

人口減少の要因として、もう一つ確認できるのは、未婚者の増加であろう。つまり、生涯結婚しない人々が増加し、それに伴って合計特殊出生率が低くなっているのだ。

単身生活というライフスタイル

それを確認するために、いわゆる「生涯未婚率」と呼ばれる数字を見てみよう。これは、「調査年に50歳の男女のうち結婚歴がない人の割合」を指している。ただ、この表現は最近「50歳時未婚率」と変わっている。いずれにしろ、その推移を眺めると、はっきりとした傾向が読み取れるだろう。

1970年以降、男女とも「未婚率」が少しずつ増え始め、90年代になると急激に増加している。それに呼応するように、日本で「合計特殊出生率」が2・00を割り込んだのは1975年であり、1990年には「1・57ショック」という言葉が流行語になったほどだ。とすれば、未婚化の進行と、合計特殊

50歳時点で1度も結婚歴がない男女の割合

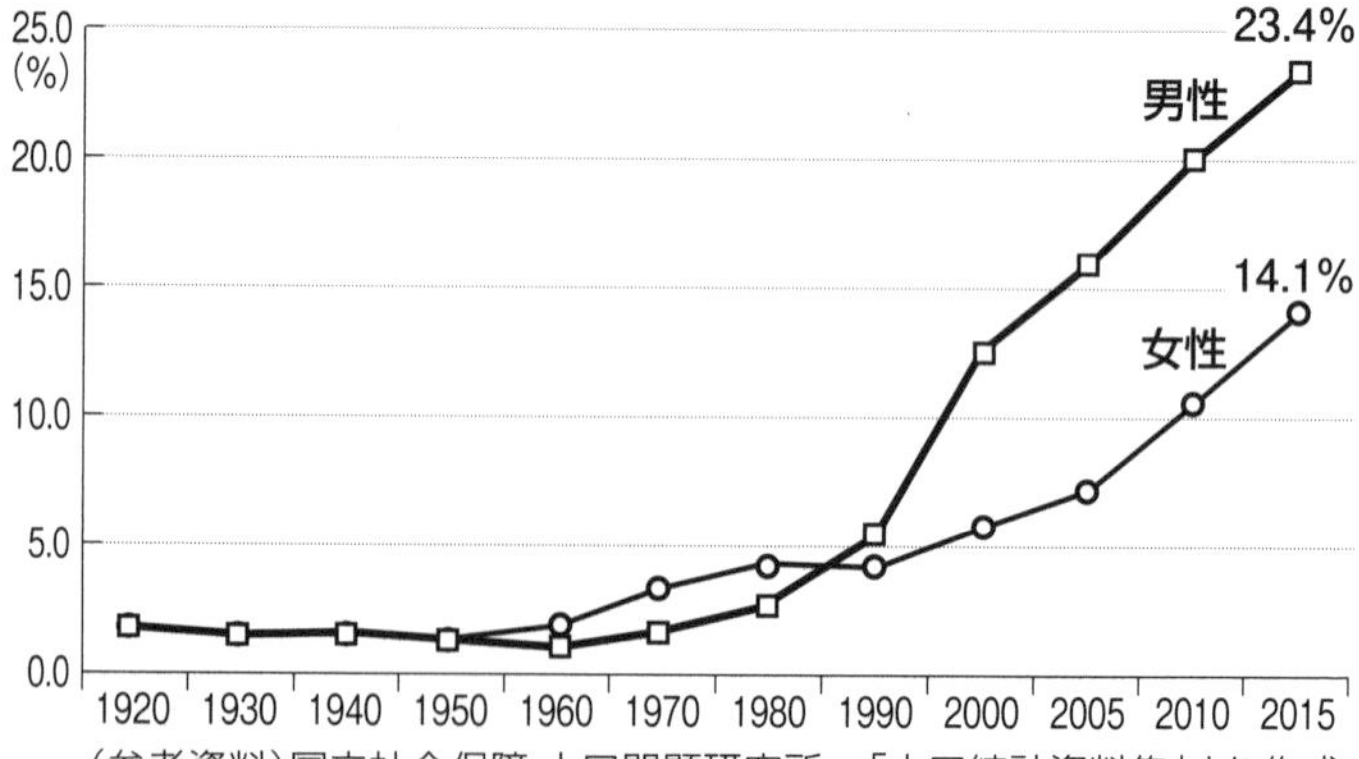

（参考資料）国立社会保障·人口問題研究所　「人口統計資料集」より作成

出生率の低下とが、大きく関係しているのは間違いなさそうだ。

ここで、「未婚」という言い方をやめて、「単身生活者」と表現するようにしたい。というのも、「未婚」という言い回しは、結婚することが前提されていて、「結婚にまで到達していない」という否定的なニュアンスがあるからだ。それに対して、「単身生活者」という表現は、一つの生き方（ライフスタイル）として、肯定的に語ることができる。

結婚することがノーマルな状態だった昔の時代であれば、「未婚者」は差別的なまなざしにさらされていた。しかし、21世紀を迎えた今日では、「単身生活者」は肩身の狭い思いをすることもないし、偏見に惑わされることもなくなった。「単身生活」は一つの積極的なライフスタイルであって、結婚を強制される必要もないからだ。

単身生活者が増加しつつあることは、さまざまな要因があるだろう。それが何であれ、明確になっているのは、近代的な生活形態（核家族）が変わり始めたことである。今まで、男女の生き方の目標には結婚が置かれ、子どもを産んで家族を形成することがモデルとなっていた。ところが、この近代的なライフスタイルが変わり始めたのである。

出産パターナリズムでは解決しない

このように、人口減少の底流には、核家族という近代的なライフスタイルから、単身生活というポスト近代的なライフスタイルへの大きな転換が芽吹いているのだ。とすれば、「出産パターナリズム」といった時代錯誤的な干渉で、人口減少を押しとどめることなどできないだろう。

それでは、単身生活者が増加しつつある時代において、どうすれば人口減少を食い止めることができるのだろうか。「出産パターナリズム」で結婚を勧めたり、子どもを産むようにお節介を焼いたりしても、ウザいお小言にしか聞こえない。そもそも、結婚して、子どもをたくさん産みたいという考えが、ないからである。

とすれば、もし子どもをたくさん産ませようとするならば、「出産ファシズム」を選択するしかないだろう。具体的には、結婚と出産を法的に強制することである。パターナリズムが有効でなければ、権力的に押しつけるしかない。

思考実験　結婚と出産を強制する社会

人口減少が明確になった社会で、その対策が検討された。最初は経済的な優遇策やメディアでのキャンペーンを実施したが、減少傾向に歯止めがかからなかった。そこで政府は、国民が25歳になるまでに結婚し、子どもを最低でも3人以上は産むように法で定めた。

違反したものには、制裁を加えるとともに、政府が男女の組み合わせを選び、結婚するように指導した。また、人工妊娠中絶を法的に厳禁にして、生まれた子どもを育てられない親には、国が代わって育てることにした。出会いのない男女のために、「生命の泉」という出会いの機会を作り、男女のペアリングを積極的に進めていった。[※2]

パターナリズムで効果がないときは、最終的にはこうした「出産ファシズム」を採用したほうがいいのだろうか。

現在、結婚や出産については、個々人の自由な選択が原理となって、国家や他人による強制は排除されている。これを、リベラル原理と呼んでおこう。

しかし、このリベラル原理では、時代の傾向から言って、人口減少は不可避のものとなっている。そのため、パターナリズムにもとづいて、結婚や出産に対してお節介を焼きたがる政治家たちが出しゃばってくるのだ。だが、こうした「出産パターナリズム」に対しては、若い人々は嫌悪感しか持たないのである。

こうして、「出産パターナリズム」は功を奏することなく、破綻するだろう。時代の傾向から言って、人口減少社会は不可避である。それでもなお、人口減少に歯止めをかけようとすれば、「出産ファシズム」しか残っていないのではないだろうか。しかし、結婚や出産の自由を否定するこうした政策を、はたして選択する必要があるのだろうか。

人口減少に歯止めをかけるために、「出産ファシズム」を選ぶのは望ましいことだろうか。人口減少そのものが、人々のライフスタイルの変化として、認める必要がある事象ではないだろうか。人口減少と出産ファシズム、いずれかを選べと言われれば、答えはすでに明らかであろう。

※1　ミル『自由論』（斉藤悦則訳、光文社、2012年）
※2「生命の泉」は実際にナチスが実施した計画の一つである。

第3節

人間なんて、もういらない!?

この節では、テクノロジー進化の観点から、人口減少問題を考えてみたい。というのも、人口減少が叫ばれるとき、100年後、さらには200年後や3000年後まで持ち出して、危機が叫ばれるのに対して、たかが50年後でさえも、人工知能の進化が人間の能力を超えると予測されているからだ。アメリカの発明家レイ・カーツワイルが「シンギュラリティ」を予測したのは、2005年である。

AIによって人間は余剰になる?

この予測をどこまで信じるかについては、意見が分かれるであろう。しかしながら、将来において、AIやロボットが社会で大きな役割をはたすことは誰も否定しないだろう。とすれば、人口減少の未来予測を語るためには、AIやロボットの進化を考慮しなければならない。

技術の進化を無視して未来予測しても、ほとんど意味はない。たとえば、弥生時代の技術水準で、現在の日本の人口をイメージできるだろうか。また、イメージしたところで、いったいどんな意味があるというのだろうか。

将来において人口減少が引き起こす危機として、しばしば労働人口の不足が語られている。しかし、労働力人口の減少は、ネガティブな要因となるのだろうか。というのも、最近のＡＩ関連の研究は、ＡＩロボット技術の進化によって、多くの失業者が発生すると予測しているからだ。

たとえば、オックスフォード大学の二人の研究者が、２０１３年に提出したレポート「雇用の将来――コンピュータ化によって仕事は失われるのか」は、世界的に大きな反響を呼び起こした。[※1]彼らはアメリカの労働省のデータに基づいて、次のような予測を行なったのである。

この論文で、私たちは「（コンピュータによる現代の）テクノロジー的発展によって、どれほど仕事が失われるのか」という問題を問うている。これを考えるために、私たちは新たな方法を実施して、７０２もの細かく分けた仕事をどれほどコンピュータ化できるか、という可能性を評価した。こうした評価にもとづいて、将来のコンピュータ化がどれほど労働市場に影響を与えるかを調べた。（中略）この評価によれば、アメリカの全雇用のおよそ47％がきわめて高いリスクに分類される。私たちは、こうした仕事が比較的近いうちに、おそらく10年や20年のうちに自動化されると考える。

この予測には、もちろんさまざまな異論があり、批判も少なくない。とはいえ、ＡＩやロボット技術の進化によって、今まで人間が携わっていた仕事が失われていくことまでは、否定できないだろう。

じっさい、日本でも、さまざまな業種で、ＡＩやロボットを導入することで、従業員の削減が起こり始めている。この動きは今後、激化することはあっても、少なくなることはないだろう。

つまり、「10年か20年のうちに」という年数か、「47％」という割合などについては異論があっても、「将来のコンピュータ化が労働市場に（重大な）影響を与える」ことは認められるのではないだろうか。ＡＩやロボットによる失業の問題が発生するわけである。

とすれば、将来的に人口が減少することは、むしろ望ましいことではないのだろうか。人口が減少せず、コンピュータ化が進展すれば、多くの人々が失業せざるをえないからだ。ＡＩやロボットの技術進化を考えると、将来的な人口減少は、その変化に対応した現象と言うべきではないだろうか。

AIロボットの進化vs.人口減少危機論

そこで、人口減少危機論にもとづいて人口増大化を実現できたら、どんな未来が待っているのか、思考実験として考えてみよう。

思考実験❶ 人口増大計画の是非

日本の人口減少が予測されるようになって、これに危機感を抱いた政府が、人口増大計画を打ち出した。

この計画は功を奏して、人口減少に歯止めがかかるようになった。そこで政府関係者はその結果に満足したが、逆に思わぬ副作用に直面することになった。何と、人口減少に歯止めがかかったために、労働力人口が増え始めたのである。ところが、AIやロボット技術の進化によって、それほどの労働力が必要なくなっていた。そのため、失業者が今まで以上に増え始めた。

この状況に直面したとき、政府はどうしたらいいのだろうか。

この思考実験で、人口減少に歯止めをかけるために、どのような政策が打ち出されたのかは問題にしないことにする。むしろ、どんな政策を採用したとしても、この政策によって人口減少に歯止めがかかったとすれば、どうなるのか？――これが問題なのである。

ＡＩやロボットの技術的な進化を考えたとき、今まで人間が携わってきた仕事を、ＡＩやロボットが肩代わりすることは間違いない。この割合がますます増えていくとき、おそらく人間の労働力の必要性は、だんだんと減少していくはずである。

じっさい、「第４次産業革命」と呼ばれる現代の状況を見ると、人間の労働者たちが少なくなって、モノ同士でコミュニケーションし、仕事をするようになっている。店舗では店員が不要になり、タクシーやトラックにはドライバーがいなくなる。こうして、何割の人々が職場から消えいくのかは不明であるが、人間の労働力がだんだんと必要ではなくなっていくのは確かだろう。

この状況で、人口増大計画を打ち出すなど、時代に逆行する行動ではないだろうか。今後、ＡＩやロボットの進化によって、必要とされる労働力人口が減少していくのは時代の趨勢《すうせい》である。だとすれば、将来において、人口減少が予測されるかぎり、それに反対するより、むしろ積極的に寄り添っていった方がいいに違いない。

ＡＩロボットと生きる

ＡＩやロボット技術の進化は、仕事のあり方を変えるだけではない。人口減少にかかわるもう一つの問題にも、はっきりした形で影響を及ぼすようになるだろう。それは、生活上のパートナーとして、家族構造をも変えていくのではないだろうか。

２０１８年ロシアでサッカーのワールドカップが開催されたが、そのとき話題に上ったのは、ＡＩを搭載したロボットの売春宿がロシアでオープンした、というニュースだった。※2技術的にはまだだかもしれないが、けっこう繁盛したそうである。こうしたＡＩを搭載した「ラブ・ドール」の売春宿は、すでに世界中に広がっていて、今後は技術の進展とともに、もっと広がっていくだろう。

性的な関係を持つかどうかは別にしても、今後のＡＩやロボット技術の進化によっては、人間どうしが一緒に生活するよりも、こうしたロボットたちと暮らす方を望む人は少なくないと思われる。そこで、一つの思考実験を考案してみよう。

思考実験❷ あなた好みのＡＩロボット、制作します！

ＡＩロボット研究所が、人々の要望を聞きながら、その要望に応じた知性や外見、身体能力を持ったAI搭載のロボットを制作するようになった。たとえば、自分の好きなアイドルやタレントに似た顔や体にしてもらって、声などもそれに近いようにしてもらう。知性についても、どんなことができるか要望を聞きながら、性格も含めてAIを設計できるようになった。

このカスタマイズされたAIロボットは、大ヒットして、多くの国民が現実の人間よりも、自分の望み通りのAIロボットと生活するのを好むようになった。そのため、国民の未婚率も高まり、ますます人口が減少するようになった。

この状況を見て、政府はAIロボット研究所の閉鎖を決定し、今後はAIロボットの制作を禁止するようになった。

こうした政府の決定は、正しいのだろうか。人々が人間とパートナーを組むよりも、AIロボットと一緒に生きることを選択するとき、この選択は禁止すべきなのだろうか。

人間中心主義の終わり

人間と生活するよりも、AIロボットとの生活を選択する――こうしたことは、ありえないことだろうか。

こうした想定は、未来の夢物語というわけではなく、すでに現実のさまざまな場面で起こっている。たとえば、以前、初音《はつね》ミクというバーチャルアイドルキャラクターと結婚した男性がいる、というニュースが流れたが、これなどはロボットでさえもない。

たとえば、子どもも大人も、生身の人間とは遊ばなくても、バーチャルな形で、ゲームに熱中することができる。一緒に遊ぶのがバーチャルなゲームでも楽しめるならば、バーチャルな世界で一緒に生活を楽しむことも可能だろう。

こうした状況を考えると、ＡＩやロボット技術が進化すればするほど、人間の代わりに、彼らと一緒に生活することを選ぶ人々が増えてくるかもしれない。何と言っても、生身の人間とは違って、自分の望みの形でコミュニケーションや生活ができるのであれば、人間と生活するよりも、ずっと楽しいかもしれないのだ。

私たちは今まで、人口を計算するとき、あるいは家族を考えるとき、人間だけに限定してきたのであるが、今後はそうした前提を止めるべきなのかもしれない。すでに職場では、人間は多くの機械に囲まれて、一緒に共同作業を行なっている。この傾向は、今後ますます進んでいき、職場にはただ一人の人間、他はＡＩやロボットだけということになるかもしれない。

やがて、仕事が終わって家に帰っても、会話をしたり、一緒に遊んだりする相手は、人間とはかぎらなくなるのだろう。私たちはＡＩやロボットに話しかけ、彼らから面白い情報をもらって、喜ぶかもしれない。ときどき人間が訪ねてくると、逆に話が面白くなくて、退屈するかもしれない。

こんな日がやってくるなら、人口減少を危惧するのに、どんな意味があるのだろうか。人間のみの数を重視する時代は、遠くない将来において、終わるのではないだろうか。人間が少なくなっても、ＡＩやロボットと楽しく生活できるならば、それを嘆く必要はないだろう。

※1 http://www.oxfordmartin.ox.ac.uk/publications/view/1314

※2 https://www.newsweekjapan.jp/stories/world/2018/05/w-7.php

まとめ

1. 最近、日本の将来的な人口減少について警告が発せられているが、この問題をグローバルな観点から見ると、憂慮すべきことかどうか検討が必要になる。地球環境問題として、世界人口が増大している中で、一部の国が人口減少するなら望ましいことではないのか。どの国も人口減少しなかったら、世界人口は増加するだけだろう。

2. 人口減少に歯止めをかけるために、日本の政治家は出産パターナリズムの立場から、「産めよ殖やせよ」のイデオロギーを口にする。しかし、統計資料をよく見ると、少子化の原因となっているのは、結婚しないで生涯にわたって単身生活を貫く人たちの増加である。これは、生き方の問題であって、第三者が外からいろいろお節介を焼いても仕方がない。

3. 人口減少と関連するもう一つの論点として、AIロボット技術の発展が重要である。今後AIが進化すれば、人間の労働者に代わって、AIが仕事をするようになる。そうなれば、人口が多いよりも、少ない方が失業者の数は抑えられる。また、AIの発展によって、人間とよりも、AIロボットとの生活を楽しむ人も増加する。そうすれば、人間はますます減少したほうがいいかもしれない。

エピローグ 未来世界のための思考実験

『世界を知るための哲学的思考実験』というタイトルで、7つのテーマについて考えてきたが、ここでひとまず終えることにしたい。

思考実験というのは、現実の世界では実験せず、頭の中で「もし〜ならば、どうだろうか」と考えることだ。言葉としては、物理学者のマッハが導入したと言われているが、厳密には、それ以前から使われていたようである。ただし、哲学において、思考実験そのものはずっと古くから行なわれていた。

たとえば、古代ギリシャ時代にゼノンが考案した「アキレスと亀」の話などは、その典型と考えてよい。もちろん、プラトンの対話篇《へん》でも数多くの思考実験が語られているのは、よく知られている。哲学者たちは、実に多くの思考実験を行なってきたわけである。

しかし、「世界を知る」ために、どうして「思考実験」が必要なのだろうか。あらためて確認しておこう。

転換期としての現代世界

まず、「世界」という場合、どんな世界を考えたらいいのだろうか。本書を書き始めるとき念頭にあったのは、世界がまさに歴史的な転換期を迎えているのではないか、という漠然とした予感である。

たしかに、今まで続いてきた「近代（モダン）」という時代が、大きく変化しているように見える。では、それによって、どのような世界が到来しつつあるのだろうか？　いったい、現代世界はどこへ向かっているのか？

この「到来する世界」を理解するには、おそらく「思考実験」が有効な戦略となるだろう。というのも、到来する世界は、当然ながら未来の可能性なので、じっさいに実験して結果が得られるわけではないからだ。あくまでも、現代世界の予兆から、想像力を駆使して、極限的な事態を考えてみることが必要なのである。

しかし、そもそも世界の歴史的な転換ということで、具体的にどんなことを考えたらいいのだろうか。

ここで確認したいのは、20世紀後半に始まったバイオテクノロジー革命（BT革命）と情報テクノロジー革命（IT革命）の意義である。この二つは、「近代」の中心にあった

「人間主義（ヒューマニズム）」を、根底から変えていくように見える。ＢＴ革命とＩＴ革命によって、世界は「人間主義」の終わりへ突き進んでいるのではないだろうか。

かつてフーコーは、『言葉と物』の最後で「人間の終焉」を高らかに予言したことがあった。[※1] しかし、そのときはまだ、「人間の終わり」は思想史の出来事と考えられていたように思われる。

人間は、われわれの思考の考古学によってその日付けの新しさが容易に示されるような発明にすぎぬ。そしておそらくその終焉は間近いのだ。もしもこうした配置が、あらわれた以上消えつつあるものだとすれば、（中略）そのときこそ賭けてもいい、人間は波打ちぎわの砂の表情のように消滅するであろうと。

この予言がいま、フーコーの想定を超えて、現代世界の未来を暗示しているのではないだろうか。ＢＴ革命とＩＴ革命は、近代が常識的なものと見なしてきた「人間主義」を、根本から崩壊させるのかもしれない。

人間からポストヒューマンへ

ＢＴ革命によって、どうして人間主義が崩れ去るのか、考えてみよう。たとえば、フランシス・フクヤマは、２００２年の『人間の終わり』のなかで、「現代バイオテクノロジーが重要な脅威となるのは、それが人間の性質を変え、我々が歴史上『人間後《ポストヒューマン》』の段階に入るかもしれないからだ」と述べている。[※2]

フクヤマとしては、こうしたバイオテクノロジーの発展に制限を加えようとしているのだが、もちろん、フクヤマとは真逆の戦略を取ることも可能だろう。たとえば、ニック・ボストロムは、「人間超越主義（トランスヒューマニズム）」を提唱して、人間のポストヒューマン化を積極的に推し進めようとしている。[※3]

トランスヒューマニズムの考えによれば、現在の人間の本性は、応用科学や他の合理的方法によって改良することができる。それによって、人間の健康の期間を延長し、私たちの知的・身体的能力を拡張し、私たちの心的状態や気分に対するコントロールを増大させることができるのである。

21世紀の初めの頃、こうしたトランスヒューマニズムが主張されたときは、カルト的な怪しい意見のように見えていた。ところが、現在では「ゲノム編集」の技術も向上して、「ポストヒューマン」の現実化が展望できるようになっている。そこで、最近の中国のニュースなども参考にしながら、次のような思考実験を行なってみよう。

思考実験❶ 優秀な子どもをつくってはいけないか？

ある国家では、バイオテクノロジーの技術が飛躍的に発展し、国民が望むのであれば自由にその技術を利用できるようになった。ハジメとヒロコは結婚する予定であるが、子どもをつくるときには、体外受精を行ない、受精卵のうちにゲノム編集をして、身体的能力と知的能力の高い子どもにしようと決めていた。

ところが、二人の両親は、子どもに対するゲノム編集に反対し、子どもは自然のままで産む方がよい、と強く主張した。両親は熱心なキリスト教徒であり、「人間は神の役割を演じてはいけない」と考えている。

さて、この両親の意見に対して、ハジメとヒロコはどうしたらいいのだろうか。ゲノム編集をすることは、神の役割を演じることになるのだろうか？

「遺伝子組み換え技術」を人間にまで応用することは、現在でも反対する人が多い。そのとき、しばしば提出されるのが、「倫理に反している」という根拠である。しかしながら、人間の能力を向上させる技術を使うのが、どうして「倫理に反する」のだろうか。現代社会のように、もはや「神」が前提されないときでも、人間に対する遺伝子改変に反対できるのだろうか。

明らかなことは、人間のポストヒューマン化がすぐそこまで来ていることである。とすれば、ポストヒューマンにやみくもに反対するのではなく、人間主義とは違った倫理が必要となるのではなかろうか。

AIは近代資本主義社会を終わらせるのか

BT革命によるポストヒューマン化は数世紀を要するかもしれないが、IT革命によるポスト人間主義はずっと早く到来するだろう。では、IT革命による人間主義の終わりは、何をもたらすのだろうか。

歴史的に見れば、20世紀後半に始まったデジタル情報通信革命は、15世紀の「グーテンベルク革命」に比較され、現代人は「ポスト活版印刷術的人間」とも呼ばれている。このIT革命の意義について、ドイツの哲学者ペーター・スローターダイクは、近代的な「ヒューマニズム」の二義性（人間主義＝人文主義）を使いながら、次のように述べている。※4

現代社会が、ポスト文芸的、ポスト書簡的に（post-epistolographisch）、そしてそれゆえにポスト人文主義＝ポスト人間的に規定されていることは容易に証明できる。（中略）学校・教養モデルとしての近代人文主義の時代は終焉した。

ここでスローターダイクが語っているのは、書物の時代からインターネットの時代へという表面的な変化にとどまらない。むしろ、主張のポイントは、デジタル情報通信革命によって、近代的な「人間主義」が終わりを迎えることにある。しかし、IT革命は、どうして近代の人間主義を終わりへと向かわせるのだろうか。

それを理解するために、IT革命によって可能となった現代の人工知能（AI）のあり方に目を向けることにしよう。AIの今後の発展を展望すると、おそらく「人間主義」の終わりとともに、「近代」の終焉が見えてくるだろう。その問題を考えるために、身近な問題に着目することにしたい。

さて、AIの発達に伴い、最近強く懸念されているのが、AIによって人間の失業者が大量に生み出されるのではないか、という問題である。じっさい、さまざまな職種で多かれ少なかれ、この傾向が進んでいる。

このとき、近代的な資本主義はいったいどうなるのだろうか。というのは、資本主義は人間の労働者を雇い、労働させることによって、資本家が利益を生み出すシステムだからである。人間が労働しなくなったとき、もはや資本主義と呼べるのだろうか。それを考えるために、思考実験を行なってみよう。

思考実験❷ AIロボットが働く職場

タロウの職場には、かつては100人ほどが一緒に働いていたが、AIロボットが導入されたために、従業員のほとんどが退職を余儀なくされ、現在は3人だけになっている。それでも、仕事を処理する能力は格段にアップし、以前の10倍以上になっている。そのため、経営者はとても満足顔である。

たしかに、初期の導入費用とメンテナンスの経費は必要だが、従業員に支払う給料からすれば、安上がりと言える。また、AIロボットであれば24時間の稼働が可能であり、人間の労働者のように、不平不満を言うこともない。さらには、仕事も効率的にこなすことができ、人間関係のトラブルも発生しないだろう。

他の職場も同じようになったとき、はたして社会として成立するのだろうか。また、このとき、資本主義は存続できるのだろうか？

ＡＩが導入され、職場で人間の労働者を駆逐していくのは、タロウの職場だけではない。

社会全体で、人間に代わってＡＩが働くようになる。では、駆逐された人間たちは、この後どうなるのだろうか。収入源が絶たれた後、生活していくことが可能なのだろうか。この社会では、経営者や特別な能力を持った、ごく一部の人々だけが富裕化し、それ以外の大多数は失業者となるのだろうか。

しかし、ＡＩロボットがモノを作ったとしても、それを購入するのはいったい誰なのだろうか。大量の失業者たちには購買能力がないだろう。とすれば、ＡＩロボットが人間の10倍の効率でモノを作ったとしても、おそらく売れずに残ってしまう。それとも、ＡＩロボットが作ったものを、ＡＩロボットたちが購入するのだろうか。しかし、そんなことは今のところ、悪い冗談にしか聞こえない。

こうして、ＡＩロボットが職場から人間たちを駆逐していくにしても、社会システムが今のままでは、作ったモノは購入されず、社会としては崩壊せざるを得ない。それとも、社会制度を変えて、失業者達にもモノが購入できるようにするのだろうか。そのときは、もはや資本主義とは呼べなくなるはずである。

この先、ＡＩやロボット技術が進化することは間違いないとしても、それによって現在の資本主義社会はどうなるのか。それが、おそらく重要な問題になるだろう。

※1　ミシェル・フーコー『言葉と物』（渡辺一民・佐々木明訳、新潮社、1974年）

※2　フランシス・フクヤマ『人間の終わり』（鈴木淑美訳、ダイヤモンド社、2002年）

※3　N. Bostrom, "In Defense of Posthuman Dignity", *Bioethics* 19, no.3, 2005.

※4　ペーター・スローターダイク『「人間園」の規則』（仲正昌樹訳、御茶の水書房、2000年）

岡本裕一朗 おかもと・ゆういちろう

1954年福岡県生まれ。玉川大学文学部名誉教授。九州大学大学院文学研究科哲学・倫理学専攻修了。博士(文学)。九州大学助手、玉川大学文学部教授を経て、2019年より現職。西洋の近現代哲学を専門とするが興味関心は幅広く、哲学とテクノロジーの領域横断的な研究をしている。著書『いま世界の哲学者が考えていること』(ダイヤモンド社)は、21世紀に至る現代の哲学者の思考をまとめあげベストセラーとなった。他の著書に『哲学の世界へようこそ。』(ポプラ社)、『教養として学んでおきたい哲学』(マイナビ新書)、『フランス現代思想史』(中公新書)、『12歳からの現代思想』(ちくま新書)、『ヘーゲルと現代思想の臨界』(ナカニシヤ出版)、『モノ・サピエンス』(光文社新書)など多数。

世《せ》界《かい》を知《し》るための哲《てつ》学《がく》的《てき》思《し》考《こう》実《じっ》験《けん》

2019年12月30日　第1刷発行

著　者　岡本裕一朗

発行者　三宮博信

発行所　朝日新聞出版

〒104-8011 東京都中央区築地5-3-2

電話　03-5541-8814(編集)

03-5540-7793(販売)

印刷製本　大日本印刷株式会社

ISBN978-4-02-331853-3